穿越——中国隧道及地下工程修建关键技术研究书系

基于计算机视觉的
钻爆法隧道
开挖与支护质量检测技术及应用

傅金阳　阳军生　祝志恒　王浩宇　张　聪　等 / 著

QUALITY INSPECTION TECHNOLOGY FOR
TUNNEL EXCAVATION AND SUPPORT
BY DRILLING AND BLASTING METHOD
BASED ON COMPUTER VISION AND ITS APPLICATION

人民交通出版社股份有限公司
北京

内 容 提 要

本书综合利用计算机视觉与人工智能技术，从图像采集、三维重建、全景影像拼接、图像智能识别分析等方面，通过引入空间分析、深度学习、三维超像素分割与点云空间测距算法对隧道三维实景模型和全景展开图像进行分析和信息提取，形成了钻爆法隧道开挖与支护质量检测的数字化技术。全书共分为6章，内容涵盖了隧道开挖与支护全景影像构建技术、围岩智能识别与分级技术、隧道超欠挖检测分析技术以及支护结构变形监测技术等，并提供了典型工程案例的应用分析。

本书可供从事隧道及地下工程建设、设计、施工、监理与检测等相关工作的技术人员参考，亦可作为高等院校相关专业师生的参考用书。

图书在版编目(CIP)数据

基于计算机视觉的钻爆法隧道开挖与支护质量检测技术及应用/傅金阳等著. — 北京：人民交通出版社股份有限公司，2023.11
ISBN 978-7-114-18992-0

Ⅰ.①基… Ⅱ.①傅… Ⅲ.①铁路隧道—隧道施工—钻爆法施工—施工技术 Ⅳ.①U459.1

中国国家版本馆 CIP 数据核字(2023)第 180477 号

中国隧道及地下工程修建关键技术研究书系
Jiyu Jisuanji Shijue de Zuanbaofa Suidao Kaiwa yu Zhihu Zhiliang Jiance Jishu ji Yingyong

书　　名：	基于计算机视觉的钻爆法隧道开挖与支护质量检测技术及应用
著 作 者：	傅金阳　阳军生　祝志恒　王浩宇　张　聪　等
责任编辑：	李学会
责任校对：	赵媛媛
责任印制：	张　凯
出版发行：	人民交通出版社股份有限公司
地　　址：	(100011)北京市朝阳区安定门外外馆斜街3号
网　　址：	http://www.ccpcl.com.cn
销售电话：	(010)59757973
总 经 销：	人民交通出版社股份有限公司发行部
经　　销：	各地新华书店
印　　刷：	北京印匠彩色印刷有限公司
开　　本：	787×1092　1/16
印　　张：	9.75
字　　数：	195千
版　　次：	2023年11月　第1版
印　　次：	2023年11月　第1次印刷
书　　号：	ISBN 978-7-114-18992-0
定　　价：	58.00元

(有印刷、装订质量问题的图书，由本公司负责调换)

前言

随着我国城市化进程的不断推进,交通运输基础设施建设的数量和规模日益增大。钻爆法隧道开挖作为目前最为常用的地下工程建造方式之一,因其在短时间内能够实现高度准确且灵活自由的开挖、支护和出料等过程,并且对地质与地形的适应性强而得到广泛应用。然而,在使用钻爆法进行隧道开挖时,如何及时、准确地检测支护质量成为一个迫切需要解决的问题。传统的检测方法存在劳动力需求高、数据处理时效性低、无法全面反映开挖与支护质量状态等不足,给建设质量管理带来了诸多困难和挑战。基于计算机视觉技术的隧道开挖与支护质量检测方法因其具有实时性、高精度、安全可靠和适应强等优势而备受关注。

本书提出了基于计算机视觉的钻爆法隧道开挖与支护质量检测技术创新理念,系统阐述了隧道开挖与支护质量检测的理论与技术;同时以实际案例为依据,从理论到实践,系统探讨计算机视觉技术的核心原理、关键技术和应用方法以及在钻爆法隧道开挖与支护质量检测过程中的具体应用。全书共分为6章,第1章梳理了隧道开挖与支护质量检测技术发展历程,并分析了当前隧道开挖与支护质量检测方法存在的低效率、高成本、多人力问题;第2章介绍了隧道开挖与支护全景影像构建技术;第3章以隧道围岩分级为例,基于传统图像处理结合点云分割方法,提出了一种用于隧道围岩质量智能识别与分级的方法;第4

章介绍了由隧道图像采集到隧道三维实景模型重建再到全景展开图的构建方法，然后基于全景影像展开方法对隧道超欠挖检测分析技术进行了阐述；第5章首先介绍了基于八叉树结构Hausdorff距离的整体模型点云控件测距方法，并基于多种方法对比，介绍了基于全景影像的隧道变形分析方法；第6章选取了典型工程案例，详细介绍了基于全景影像的隧道开挖与支护质量检测方法在工程中的应用。

  本书系统介绍了作者近年来利用计算机视觉技术在钻爆法隧道开挖与支护质量检测方面的成果和应用。全书由傅金阳、阳军生、祝志恒、王浩宇、张聪等著，相关工作得到了中南大学张学民、王树英、杨峰等的指导，黄定著、王宇、张宇、陈定平、梁向荣、陈宝林、谢纪辰、王博等参与了部分项目的研究工作，湖南微著智能科技有限公司、湖南见知工程科技有限公司、广州愿托科技有限公司对于本书成果推广给予了大力支持。本书相关的研究工作还得到了中国中铁股份有限公司科技研究开发计划项目[重大专项课题，编号：2021-专项-08（A）]、湖南省交通运输厅科技项目（202117）、中国国家铁路集团有限公司科技研究开发计划项目（L2022G003）、犬木塘水库工程科技创新项目（W-2022-72）等的资助。在本书编写及工程现场资料收集过程中，得到了广东华路交通科技有限公司、浙江数智交院科技股份有限公司、贵州省公路集团有限公司、浩吉铁路股份有限公司湘赣指挥部、中铁第四勘察设计院集团有限公司、湖南省水利水电勘测设计规划研究总院有限公司等单位的大力支持和帮助。在此向以上所有单位和个人的辛勤付出一并表示衷心感谢！

  当前计算机视觉与人工智能技术在隧道开挖与支护质量检测方面的应用正处于快速发展阶段，由于作者水平有限，书中难免存在疏漏和不足之处，敬请各位专家和读者不吝赐教，多提批评指导意见，以利修正。

作 者

2023年7月

目录

第1章　绪论 ·· 001
  1.1　隧道开挖与支护质量检测的意义 ·· 001
  1.2　隧道开挖与支护质量检测技术现状 ·· 002
  1.3　隧道开挖与支护质量检测技术难题 ·· 009

第2章　隧道开挖与支护全景影像构建技术 ·· 012
  2.1　图像采集 ·· 012
  2.2　图像三维重建 ·· 016
  2.3　全景图像构建 ·· 029

第3章　基于全景影像的隧道围岩智能识别与分级技术 ···························· 032
  3.1　三维图像 SLIC 超像素分割 ··· 032
  3.2　基于角度差异的结构面提取算法 ·· 038
  3.3　基于无监督学习的围岩结构特征数据多层级融合 ··························· 042
  3.4　隧道围岩分级的规范方法 ·· 045
  3.5　基于计算机视觉方法的隧道围岩稳定性分级 ································· 049

第4章　基于全景影像的隧道超欠挖检测分析技术 ·································· 054
  4.1　隧道开挖轮廓图像采集 ··· 055
  4.2　图像点云三维重建 ·· 056
  4.3　点云数据预处理 ··· 057

  4.4 基于图像点云数据的三维曲面重建 ·················· 057
  4.5 隧道超欠挖检测 ···································· 059

第 5 章 基于全景影像的隧道支护结构变形监测技术 ·············· 061

  5.1 基于八叉树结构 Hausdorff 距离的整体模型
    点云空间测距方法 ································· 061
  5.2 基于最小二乘拟合平面的局部模型点云空间
    测距方法 ·· 063
  5.3 基于整体模型与局部模型相结合的点云空间
    测距算法 ·· 064
  5.4 不同空间测距方法测试对比 ······················· 065
  5.5 隧道三维整体变形分析方法 ······················· 066
  5.6 隧道二维变形分析方法 ···························· 073
  5.7 隧道特征点变形分析方法 ························· 078
  5.8 隧道变形监测精度分析 ···························· 078

第 6 章 基于全景影像的隧道开挖与支护质量检测应用 ·············· 092

  6.1 隧道变形检测应用 ································ 092
  6.2 隧道围岩智能分级应用 ···························· 103
  6.3 隧道超欠挖检测应用 ······························ 119

参考文献 ··· 136

第1章 绪 论

1.1 隧道开挖与支护质量检测的意义

近年来,我国大规模基础设施建设中,隧道工程的规模与线路总里程占比越来越大,并向超深埋、超长、超大断面方向发展。截至2022年底,我国隧道总里程达到48762km,较2021年增长3008.1km。其中,公路隧道总长26784km(图1-1),较2021年增加2085.1km,占全国隧道总里程的54.93%;全国铁路隧道营业里程达到21978km,占全国隧道总里程的45.07%,比上年末增加超过923km(图1-2);这些隧道穿越的地质条件愈发复杂,地质活动断裂带、软弱破碎与大变形地层、高地应力、高水压、高地温、脆弱生态等复杂地质屡见不鲜,导致隧道施工质量与安全控制难度越来越大、建设成本越来越高,也对隧道施工质量的检测提出了更高要求。

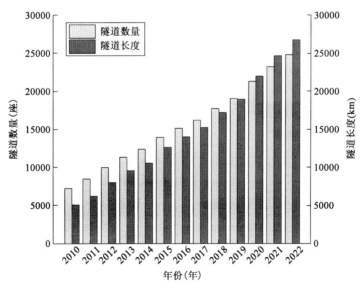

图1-1 2010—2022年我国公路隧道数量及长度统计

隧道开挖与支护质量检测涉及围岩地质信息编录、超欠挖检测、初期支护厚度及表观质量检测等多方面的内容,这些信息是改善隧道施工质量、开展施工动态设计和提升施工管控水平的重要支撑。然而,当前隧道施工过程地质编录、爆破开挖与支护质量检测手段存在效率低、信息少、准确性差的问题,且由于各项检测内容往往分开作业,导致信息关联性差,难以提供及时的动态设计依据。

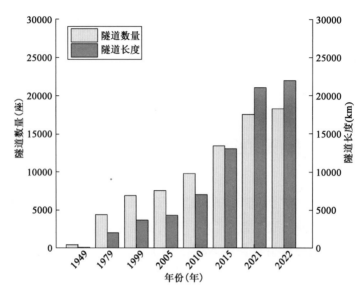

图1-2　1949—2022年中国铁路隧道发展规模情况

计算机视觉与图像处理技术在工程建设领域的创新应用为解决此问题提供了新途径。如三维激光扫描仪能够快速地获得高精度和高密度的空间点云数据,且通过激光反射率信息可以形成灰度图还原现场影像,或者结合照相机生成彩色图像,被隧道工程界青睐,用于分析隧道净空检测、开挖质量评价、岩体信息识别和隧道质量检测等方面。但限于隧道空间相对狭小、围岩表面不平整以及机具遮挡等问题,单个测站的激光扫描常常会存在无法扫描的死角,仔细选择摄站的位置或者多站扫描然后叠加,会显著影响现场应用的灵活性。因而,造价高、操作复杂且对环境质量要求高等问题限制了三维激光扫描检测技术在隧道检测中的推广与大规模应用。

1.2　隧道开挖与支护质量检测技术现状

1.2.1　隧道结构全景图像构建方法

近年来,随着计算机图形处理能力的大大增强,利用数字图像处理技术对土木工程结构的整体位移、局部变形以及裂缝变形情况开展实时远距离测试,已成为当前土木工程检测技术发展的重要方向。然而,由于地下结构一般规模较大且表面几何形态多样,其表面变形损伤特征识别需要高分辨率的图像,这就往往需要对目标地下结构拍摄多幅图像并拼接成高清全景图进行检测。国内外学者对图像拼接方法用于地下结构的全景图像构建已有大量研究。图像拼接一般包括图像对齐和图像合成两个方面的工作。图像对齐有图像直接对齐和基于局部特征的对齐两种方法。使用直接对齐方法,前提是选择一种合适的误差测度作为目标函数。使用像素差的平方和(Sum of Squared Differences,SSD)是最基本的误差测度,但 SSD 的鲁棒性不强,因此更多时候是使用鲁棒误差测度(Robust Error Metrics)。Szeliski 提出基于傅立叶变换的方式,将图像变换至频率域进行配准,但需要一个接近的初值才能收敛。因此,直接对齐方法多用于拼接事先知道相机运动方式的照片序列,或者是视角变换不大的视频的拼接。而使用基于局部特征的对齐方法,如改进后的尺度不变特征变换(Scale-Invariant Feature Transform,SIFT)算法描述算子具有非常优越的性能,包括尺度不变性、旋转不变性以及对仿射变换、光强变化的适应性以及较强的抗干扰性。因此,SIFT 算法在计算机视觉领域得到了广泛应用,包括图像拼接领域。其后,Bay 等(2007)提出了加速稳健特征(Speeded Up Robust Features,SURF)检测算法,其效率较 SIFT 算法有了很大的提高,能够实现实时检测。为了提高实时检测的效率,一些学者提出了二值特征描述算子,这些算子利用局部图像领域内随机点对的灰度大小关系来建立局部图像特征描述,得到的二值特征描述不仅匹配速度快,而且存储内存要求低。同时,这些算子一般使用最小核值相似区(Smallest Univalue Segment Assimilating Nucleus,SUSAN)或角点检测(Features from Accelerated Segment Test,FAST)算法,因此检测速度也非常快。不论采用何种方法对齐后,一般还需采用光束平差法(Bundle Adjustment)将所有图像放在一起做全局的配准。图像合成即通过全局约束好后的照片映射至拼接面(拼接面可为平面、柱面、球面和三维曲面),然后进行像素的选择、赋权以及图像的统合等工作。

表 1-1 对比了两种目前常用的拼接技术的优缺点,结果表明基于三维重构的方法具有较好的灵活性,但仍存在通用性不强和需要训练的缺点。

两种基于图像拼接技术获取全景展开图像方法的对比 表 1-1

图像拼接方法		优点	缺点
基于物方定位信息的方法	先矫正后镶嵌	(1)照片不需要重叠; (2)后期处理算法简单,计算量小	(1)现场需要标记定位信息,使得现场采集的灵活性和作业速度降低; (2)照片拍摄必须根据定位标记进行,无法局部加密
	先拼接后矫正	(1)可以任意加密; (2)需要的定位标记密度较低	(1)只能旋转拍摄; (2)需要定位标记,制约使用的灵活性; (3)矫正方法为近似,拍摄时相机与衬砌表面不能有太大的交角
基于三维重构的方法		(1)无须定位标记,现场采集更快、更灵活; (2)可以任意加密	(1)现场采集照片需要较大的重叠区域; (2)后期处理的算法较复杂,计算量大; (3)通用性不强:展开面为圆柱面,需要人工标注目标表面的特征点作为训练集

上述内容介绍了目前图像拼接技术与全景展开图像相关研究的优点与不足,应用于地下结构变形损伤识别仍存在较多问题。主要是目前技术可以拼接满足单应性要求的照片组,如单纯旋转关系的照片(单视点全景拼接)或者是景物分布在同一平面上的照片组(平面拼接),但对于存在曲面和复杂表面的地下结构,单视点拼接会造成很大的变形(弯曲或错位等),无法准确定位变形损伤特征的位置和形态(Chaiyasarn)。因此,亟须结合多视角图像的三维重建信息和地下结构模型设计信息拼接出具有更高精确度的全景展开图像。

1.2.2 基于图像处理的支护结构变形检测技术

在基于图像处理的地下结构变形损伤识别方面,国内外学者针对不同类型地下结构开展了一系列研究工作。具体来说,包括隧道衬砌裂缝识别检测方面[刘晓瑞和谢雄耀(2009)、王平让等(2012)、王耀东等(2014)、王华夏(2015)、Chaiyasarn 等(2014)],桥梁裂缝变形检测方面[王静等(2003)、Abdel-Qader 等(2003)、许薛军等(2013)],混凝土结构变形检测方面[戴宜全等(2010)、Fujita 等(2011)、方志等(2012)],以及墙体裂缝、边坡和道路路面裂缝监测方面的应用。这些研究大多侧重对地下结构表面的数字图像采用灰值化、增强、阈值分割、腐蚀、膨胀、边界跟踪、特征提取等算法处理后,得到裂缝长度、宽度等特征信息,而对图像对象随时间的变形信息探讨较少。对于基于数字图像处理的工程应用来说,如研究隧道开挖引起邻近建筑物的变形损伤,需要通过对比计算隧道开挖前后的高精度全景图像,测试并识别地下结构变形损伤特征。数字图像相关方法(Digital Image Correlation,DIC)是一种有效的物体表面全场变形测试手段,且已经被广泛应用于土木工程结构变形测试。图像相关方法一般认为是由 Yamaguchi(1981)、Sutton 等(1983)和 Peters 等最早提出,其后该方法得到了显著的发展和改进,并且从二维发展到了三维。其基本原理是通过跟踪(或匹配)物体表面变形前后两幅散斑图像中同一像素点的位置来获得该像素点的位移向量。为跟踪参考图像中某点在变形后图像中的位置,通常需先以该点为重心选取正方形参考子区域,用形函数描述参考子区域变形后的位置和形状,然后利用 Newton-Raphson(NR)算法或其他算法求解出描述变形前后图像子区域的互相关函数,即求解变形参数矢量的非线性方程组。潘兵等(2007)对数字图像相关方法计算的全场位移应变精度进行了分析,提出基于局部最小二乘拟合的全场应变求解方法,可简化复杂的编程和数学形式;其后潘兵等(2009)、Pan(2009)提出利用零均值归一化互相关系数的大小确定变形前后特征点坐标对应关系获得该点可靠的变形估计,并以其作为 Newton-Raphson 方法的迭代初值,可对物体存在表面不连续、刚体转动或大变形情况进行准确测量。戴宜全等(2010)基于数字图像相关法对混凝土构件全场变形进行了测量,得到了能满足工程需求的变形分布特征;而 Ghorbani 等(2015)采用三维数字图像相关(3D-DIC)方法对砌体墙的全场变形进行了试验测量,结果表明该方法可以获得与点式接触性传感器相同的测试精度。由此可知,当前采用数字图像相关技术能对地下结构的表面全场位移进行测试,但大都为室内进行的试验力学变形测试。目前在数字图像相关方法中,一般需要对图像进行物方散斑控制,且拍摄相机需尽量垂直于拍摄物体表面,研究内容大多以提高整像素搜索速度及亚像素求解精度为目的,较少探讨基于像物比例控制和多视角图像集拼接地下结构的高分辨率全景数字图像,并据此研究全景数字图像相关的地下结构变形识别与测量技术。

综上所述,基于数字图像处理的变形测量方法尚处于初步发展阶段,特别是在土木工程领域大部分应用还处于实验力学方法阶段,且一般都要求固定相机位测量。目前该类方法中对像物控制等问题到目前为止还没有得到充分彻底的认识和解决,对于算法的优化和位移测量的精度等关键问题有待进一步研究,特别是对地下结构全景图像的拼接构建以及基于全景数字图像相关方法的测量技术尚未深入。因此,开展基于全景数字图像相关的地下结构变形测量方法与应用研究具有重要的理论意义和工程实践价值。

1.2.3 隧道开挖与支护质量检测技术现状

图像处理技术是解决此类问题方便、快捷且可靠的方法之一。采用三维激光扫描仪能够快速、准确地获取高精度的空间三维点云数据,通过结合图像处理等技术,可以应用于分析隧道开挖质量评价、岩体信息识别以及隧道质量检测等方面。在国外,激光扫描技术在岩体工程中的应用最早开始于边坡岩体工程。Slob 等通过三维激光扫描仪对边坡的岩体表面进行扫描,在三维点云图像基础上,对点云单元进行 K-means 聚类,获得岩体结构面产状信息。在隧道工程领域,Cacciari 等应用 FARO 激光扫描仪对巴西东南部地区铁路隧道进行扫描,并在激光点云数据的基础上对隧道内部岩体结构面特征进行分析,评估了不同迹线采样算法的效果;Tarsha-Kurdi 等使用霍夫(Hough)变换与随机抽样一致(Random Sample Consensus,RANSAC)算法识别结构面;Riquelme 等基于 K 最近邻分类与核密度估计算法,实现了岩体结构面的自动化识别;Kulatilake 等还利用三维激光扫描仪进行了岩体结构面粗糙度参数的获取。在国内,荆洪迪等人将三维激光扫描技术与地质构造分析结合,基于 Java 语言开发了点云数据处理系统,并且在巷道中进行运用;刘昌军等研究了激光扫描技术在隧道峒壁、高陡边坡岩体中的应用,在岩体点云数据的基础上应用模糊群聚统计,获得岩体的优势产状;葛云峰等采用三维激光扫描技术获取岩体的露头点云数据,并且采用改进的区域生长法实现了岩体结构面的识别;类似地,朱云福选择 TIN 区域生长法;刘庆群等提出了一种融合 3D 霍夫变换和区域生长的点云分割方法,提高了岩体结构面自动提取算法的稳健性。

隧道内部环境复杂,在进行激光扫描时,现场干扰因素过多,且三维激光扫描仪成本高昂,灵活性较差,在操作方面也较复杂。三维重建技术恰好能解决此类难题,不仅可灵活作业,其设备成本也较低。在识别精度上,其与激光扫描点云的偏差在 1cm 之间。祝志恒等利用运动恢复结构(Structure from Motiom,SFM)和半全局块匹配(Semi-Global Block Matching,SGBM)

算法进行三维点云重建,再利用 Delaunay 算法进行模型重建,提出了一种基于图像三维重建的方法;张宇等采用点云数据结合 Hausdorff 距离的整体模型以及基于最小二乘拟合平面的特点,提出了一种空间点云的测距算法;彭铸通过对图像的展开与拼接处理,得到了全景展开图像,并利用全景展开图像对隧道特征进行分析。李海波等采用三维激光扫描技术对隧道进行超欠挖检测,实现了隧道超欠挖的高精度、高效率检测。

1.2.4 地下工程岩体节理识别技术现状

(1)二维数字图像岩体节理识别技术

二维数字图像(RGB 图像)可以利用低成本的民用相机进行采集,因此在二维数字图像上开展节理裂隙识别,具有成本低廉、操作简便的优势。现阶段,针对二维开挖面数字图像,主要有以下两种岩体节理裂隙识别方案。

第一类节理识别方案是在二维图像上直接对节理裂隙的像素点位进行标记,通常基于阈值分割、边缘检测或模板匹配法等技术实现。但是该类算法通常难以解决图像中的阴影与围岩纹理干扰问题。同时,由于识别的输出结果通常为二值掩膜图像,因此还需要配合后处理算法,如二值图像形态学运算、Hough 直线检测算法等,将栅格化的识别结果矢量化为结构面产状要素。

詹伟等在 Canny 边缘检测、数学形态学细化算法的基础上,设计了基于距离和角度等因素的迭代连接算法,降低了识别结果的误检、漏检情况;罗佳等在图像预处理的基础上,利用 Prewitt 模版匹配算法检测结构面边缘,同时设计了一套交互式的结构面解析系统,人工判定结构面目标。

另一种节理裂隙识别方案首先利用超像素分割算法,对图像中的岩石块体进行分割,在经过超像素融合操作后直接将岩石块体边界视为节理裂隙。该方案常用的算法有:①基于能量泛函的图像分割,如"Snakes"模型与水平集方法;②基于超像素分割的方法,如 SLIC 与 Quick-shift 算法。针对二维 RGB 图像,目前已有基于超像素分割算法进行岩体节理裂隙识别的先例。陈宝林等基于改进的 SLIC 超像素分割算法完成二维图像上的隧道围岩节理裂隙识别;类似地,Vasuki 等提出的交互式岩性边界检测(Interactive Lithological Boundary Detection,ILBD)方法提取岩体中节理裂隙的方法,首先利用超像素分割算法分割图像,形成初始区域,然后进行区域增长和合并,最后经过交互式操作获得最终的节理识别结果。

综上所述,直接标记节理裂隙的方案和通过超像素分割进行间接识别的方案,都受二维图像数据本身的制约。因为岩体结构面作为一种具有三维空间属性的目标物,在二维图像上开展结构面空间位置、倾向、倾角等的识别,其结果精确度受到明显的限制,也不利于作为后期围岩稳定性分级、隧道数值模型构建的基础。

(2)三维数字图像岩体节理识别技术

在二维数字图像上开展岩体结构面识别具有一定的局限性,而基于多目视觉技术生成的岩体三维数字图像,能够同时反映岩体的颜色纹理、空间朝向信息,具有重要的研究价值。目前,三维数字图像主要有三维点云图像与三维 Mesh 图像两种数据类型,在岩体三维点云图像上开展节理识别与三维激光点云识别相似,目前已有大量的研究成果。

Liu 等基于主方向估计算法获得岩体三维点云图像的结构面产状;郭甲腾等采用八叉树(Octree)分割和模糊 C 均值聚类算法处理边坡三维点云,获得表征结构面的点云簇,同时,还利用 DBSCAN 聚类算法对点云簇进行簇内的细化聚类,计算结构面指标,包括间距、岩体体积节理数 J_v;周春霖等在双目重构得到的隧道开挖面岩体三维图像上,运用 RANSAC 算法结合特征值法,得到了岩体结构面平面拟合结果,并取得了较传统平面拟合算法更为稳健的结果,克服了点云数据异常值的干扰问题。

CAE Sirovision、Shape Metrix 3D 等地质三维重建软件的发展,为基于三维图像的结构面识别研究提供了基础。张延欢等结合 CAE Sirovision 系统完成了隧道数字三维图像构建,并通过人工操作方式识别隧道围岩表面的结构面与节理裂隙,最终计算围岩岩石质量指标 RQD;李术才等采用 Sirovision 系统,对隧道掌子面岩体结构进行了量化分析,通过人工操作的方式提取结构面产状信息;王述红等、王洋等在澳大利亚联邦科学与工业组织开发的 Shape Metrix 3D 系统的基础上,提出了基于虚拟网格的结构面切割岩体方法,并开发了 GeoSMA-3D 系统,进行边坡关键块体的数值分析。

1.2.5 地下工程围岩稳定性分级现状

(1)岩体稳定性分级方法与指标

经过一个多世纪的探索与研究,国内外的地下工程学者提出了多种类型的分级方法,这些方法在细节处理上虽然有所差异,但是都将工程地质条件、地下工程规模和施工手段作为依据。根据调研,围岩稳定性分级方法可归纳为以下四种类别:

①以单一指标为依据的分类方法。如苏联的谱氏 f 值分类法,该方法将岩石单轴抗压强度 R 的 1% 的计算值 f 作为评判指标,并据此将围岩由优到劣分为八个等级,与之相似的有法国抗压强度和捷克抗拉强度。

②以单一的综合性指标为依据的分类方法。例如岩石质量指标(Rock Quality Designation,RQD),表示钻孔岩芯中长度大于 10cm 的区段的总和长度占总钻孔岩芯的比例,并将岩石分为五级。RQD 方法尽管只能反映岩体的节理裂隙发育程度和岩体的完整程度,存在一定的局限性,但在后续的多种围岩质量评价方法中常作为评判指标之一。

③以岩体结构特征为主的分类方法。例如太沙基(Terzaghi)分类法,主要以岩体结构面、岩体岩性、地下水情况作为控制性指标,将围岩分为九级。该方法中各指标的获取不依赖于地质勘查与岩石力学试验,因此受主观影响较为明显。

④以多种指标为依据的综合分类方法,包括乘积法和加减法。例如,巴顿 Q 系统法考虑

了6种岩体参数，分别反映了岩体的完整程度、结构面粗糙程度、结构面蚀变程度、地下水效应等的影响；岩体质量分级（Rock Mass Rating，RMR）法又称为地质力学分类法，主要考虑了岩石单轴抗压强度、RQD值、结构面间距、结构面特征、结构面与构筑物的空间关系、地下水，对其分别进行打分并求和，该方法简单易行，被广泛采用；岩石结构评级（Rock Structure Rating，RSR）法则考虑了场区的地质构造、节理状态、地下水状态；与之类似的有我国国家标准《工程岩体分级标准》（GB/T 50218—2014）中的岩体分类方法。

在以上各类围岩分级方法中，RQD法、RSR法、RMR法、Q系统法至今依然经常被采用，形成了较为成熟的理论体系。近年来，一些新的岩体质量评价指标也在不断涌现，例如，Choi等研究了岩体的电阻特性与Q值的对应关系，并采用岩体的电阻特性进行围岩质量判定；Hoseinie等认为岩体的可钻性可以作为评价依据，提出了基于岩体结构、莫氏硬度、单轴抗压强度、节理间距、节理填充度和节理倾角共6个指标的新分类方法。

围岩稳定性级别的快速化决策，在隧道工程实践中具有重要的意义。在现行的国家标准方法中，部分岩体指标在施工现场获取困难，耗时较长，成为影响围岩分级快速决策的主要障碍。

例如，中国标准采用的岩体完整性系数K_v通过岩体弹性纵波波速v_{pm}与岩石弹性纵波波速v_{pr}计算商值并求平方获得。在工程实践中，由于试验岩块与实际岩体的风化程度差异导致误差偏高、测试开展过程容易被环境声干扰、声波测试成本高等问题，影响了上述两个指标的测量。因此，岩体体积节理系数J_v逐渐成为岩体完整性系数K_v的代替性描述指标，其通常通过直接测量法或条数法测得。其中，直接测量法受隧道临空面的数量限制，无法有效开展；条数法受节理被遮挡、节理倾角及走向的影响较大，结果准确性低，通常需要乘以经验系数进行结果修正。

（2）岩体自动化分级方法

为了更加全面、科学地评判岩体稳定性级别，近年来国内外有关学者基于数理统计理论和计算机学习理论对岩体分级机制进行创新，建立可靠的从指标到级别的映射关系，从而实现岩体快速分级，如基于BP神经网络或支持向量机（Support Vector Machine，SVM）的围岩分级方法，围岩稳定性分级专家系统，模糊综合评判理论，基于无监督聚类方法等。

何新成等基于LIBSVM支持向量机，选取岩石质量指标、完整性指标、饱和单精度抗压强度、纵波波速、弹性抗力稀疏和结构面摩擦因数6个指标作为特征向量，在与模式识别、BP神经网络、Bayes法、Fisher法、传统SVN以及GA-SVM的对比试验中，该方法取得了最高的分级准确率；刘志祥选取了岩体抗压强度、岩石质量指标RQD等6个指标，构建了模糊综合评判模型来判定围岩等级；郭彬等以改进的层次分析法对矿岩各个指标确定综合权重，基于灰色聚类理论对矿岩稳定性进行评判；类似地，周述达等对传统白化权函数的分类区分度及指标分类权重的确定方法进行优化，选取岩石质量指标、岩石单轴饱和抗压强度、岩体完整性系数、结构面强度系数和地下水渗水量作为评价指标,建立了灰评估模型。

由此可见,基于数理统计理论和计算机学习理论的隧道围岩稳定性分级研究,目前主要集中在从指标到围岩稳定性级别的映射关系上。而为了实现岩体的快速分级,对不易获取的、受主观因素影响较大的岩石指标建立新的测量方法,在隧道工程实践中具有重要的意义。

深度卷积神经网络(Deep Convolutional Neural Network,DCNN)自 2012 年提出以来,在图像识别,目标检测等应用场景中表现出了良好的性能。2014 年,Long 等提出的全连接神经网络(FCN),第一次在上采样模块中整合了转置卷积,该研究成果表明 DCNN 同样能够在图像语义分割领域发挥效果。

DCNN 已经被证明能够在没有人工干预和数据预处理的情况下自动地从训练样本中提取高级特征,在处理图像、音频等欧几里得结构数据时具有非常明显的优势,经过有效训练的 DCNN 能够准确排除碎石、渗漏水、人工构筑物等干扰岩石类型识别的目标,具有较强的泛化能力与鲁棒性,以上这些优势与岩体类型识别的需求相吻合。

一些 DCNN 网络已经被应用于岩石类型识别、岩石风化程度识别中,作为岩体分级的前置环节,并且表现出比传统方法更为优越的性能。

张野等基于 DCNN 对一个由花岗岩、千枚岩和角砾岩组成的混合图像数据集进行分类,取得 90% 以上的识别精度;柳小波等基于 VDD16 网络作为神经网络的特征识别单元,以 Faster-RCNN 网络作为岩石识别算法框架,成功实现了玄武岩、砾岩、橄榄岩、片麻岩、大理岩、石灰岩图像的分类。

陈建琴等基于单相机双目三维重构技术和张量投票理论,提出一种自动化提取岩体间距与粗糙度特征参数的方法,并应用于安徽省明堂山隧道中,这一研究成果说明了在三维图像上开展岩体分级的结构面相关指标的检测,具有一定的技术可行性。

1.3 隧道开挖与支护质量检测技术难题

隧道内部环境复杂,由于其空间相对狭小、围岩表面不平整以及附属设施的遮挡等问题,使用传统的全站仪无法进行全面的断面量测,且因为全站仪的特性,在观测时其灵活性不能保证。在进行激光扫描时现场的干扰因素过多,且三维激光扫描成本高昂,灵活性较差,且在操作方面较为复杂。隧道开挖与支护质量检测时主要面临以下问题:

1.3.1 检测设备空间限制与施工干扰大

在隧道开挖与支护质量检测中,检测设备无法进入与施工干扰大的问题是常见的技术难题。由于隧道结构复杂,检测操作环境特殊,对现有的检测设备提出了较高要求,加大了检测的难度。

传统的检测方式如全站仪、人工尺量、单点拍照等,往往由于操作繁杂、效率低下、定位不准等因素,容易出现前后检测差异性大、不可复现等问题;随着技术的不断发展,超声波检测法、声发检测法、电磁波检测法等检测技术虽然在不断提高检测精度,但其检测速度慢、效率低,难以满足快速发展的需求;除此之外,检测车、地质雷达、激光扫描仪等新兴设备往往由于体积过大、质量较重、对作业环境具有较高的技术要求,在进入断面较小或施工干扰较为严重的隧道时会受到限制。这就导致检测设备不能准确地对需要检测的部位进行作业,影响检测的效率和时效。

隧道开挖与支护过程中,会产生噪声、振动等干扰因素,对检测精度和可靠性造成影响。首先,由于使用各种振动设备如钻机、爆破与运输车辆等,会产生杂乱的噪声,对检测设备和信号传输造成较大的影响,影响检测结果的准确性。其次,在隧道开挖与支护过程中还会使用各种电气设备,这些设备会产生强磁场,对检测设备的作业产生干扰,使得检测结果产生误差。此外,由于隧道工作环境复杂多变,一些设备在作业时容易产生高温、高湿等热害作用,对操作人员和检测设备均存在一定的影响,带来极大的身体和心理压力,影响检测结果的精确性。

1.3.2 隧道地质条件复杂、施工工序繁多

在隧道开挖与支护质量检测中,隧道复杂的地质条件、繁多的施工工序是另一个常见的技术难题。由于隧道的不同地质环境和施工条件,每条隧道支护结构都是独一无二的,因此针对不同类型隧道的检测方案可能会有很大区别。

(1)地质条件复杂

隧道施工面临岩体性质、断层、夹层等方面的多重影响因素。首先,隧道施工穿越的多种地层具有不同的岩性,由于不同岩性的介电系数不同,如不进行相应的校正,可能会导致检测数据的偏移和误差增大。其次,由于岩体的异质性,差异性较为明显的岩体可能会导致检测数据的不准确,如岩体厚度的差异会导致不同区域的反射强度不同,进而影响检测数据的准确性。最后,隧道在开挖过程中,会遇到穿越断层和夹层的情况,断层和夹层是隧道区域中岩性变化的主要原因,这些地质条件的存在可能会导致信号强度和次声波频率发生变化,从而影响检测结果的准确性。

(2)施工工序繁多

首先,隧道在开挖与支护的过程中会涉及大量的施工工序,如钻孔、爆破、清理、灌浆等。这些工序因其不同的施工方式和施工工艺,不可避免地会对检测设备产生干扰,影响信号的传输,进而影响检测数据的准确性和稳定性。其次,隧道开挖与支护质量检测需要进行数据收集和分析,但是当施工工序繁多时,数据收集会受到施工进度以及相邻工区的影响,从而导致某一时段无法进行数据收集或收集的数据质量不佳。最后,由于隧道施工工序繁多,可能会产生

多种类型的数据,如时间域数据、频率域数据、振动数据和声波数据等,导致数据分析的复杂性和困难度增加。

1.3.3 检测结果时效性与准确性要求高

隧道开挖与支护质量检测通常需要在多个阶段进行,在检测数据采集和分析过程中,如果时间跨度较长就会导致检测结果的时效性下降,影响检测结果的准确性和可靠性。而检测结果的准确性和可靠性会直接影响隧道支护结构的质量,最终影响隧道工程结构的安全与可靠性。

首先,在隧道开挖与支护质量检测中,由于检测数据采集、运输和处理均需要时间,从数据采集到数据处理存在时间滞后,会导致检测结果的非实时性。其次,在检测数据的采集过程中,如果需要的时间过长,会使检测的数据质量上限下降,导致难以获取实时数据,进而降低检测结果的准确性。同时在隧道施工过程中,如果检测结果反馈不及时,会导施工人员无法及时获知施工现场的真实状态,影响施工计划的及时调整。隧道开挖与支护质量检测主要依赖于所采集的现场数据,由于人工采集的数据存在主观误差、设备采集的数据存在机器误差,多组数据结果混合会导致检测结果的误差累加,影响支护质量的判断和识别。综上所述,传统的检测方法或设备虽然随着科技的发展检测精度不断提高,但检测速度慢、效率低,难以满足快速发展的需求;基于计算机视觉与图像检测的新兴检测方法,不仅具有效率高、可移动、非接触的优点,而且该方法再现性好、适应性强、灵活性高、成本低廉,能解放劳动力、排除人为干扰,是隧道开挖与支护质量检测的重要发展方向。然而,图像三维重建技术在隧道工程中虽然已有一些应用,但对三维重建模型及图像特征信息利用不充分,缺乏从数据采集、图像处理、模型重建到检测识别的分析框架,尤其难以适应钻爆法隧道施工过程中开挖与支护质量检测的复杂环境。本书介绍了一种在钻爆法隧道施工中具有高适应性和低成本的信息化质量检测技术,主要在钻爆法隧道开挖与支护质量检测场景下,研究利用不同施工时序开挖面围岩与支护图像的数字特征,实现对钻爆法隧道开挖与支护质量的快速识别与检测。

第 2 章　隧道开挖与支护全景影像构建技术

计算机立体视觉测量是根据图像上的像点来解算对应像点的三维空间坐标。为获得被拍摄物体的空间形态,需要知道相机物镜与图像的空间位置关系以及相机的空间位置(内方位参数),然后建立图像与被拍摄物体对应点数学关系模型,实现数字摄影测量。因此需要掌握相机成像原理、图像内外方位元素、常用坐标系、不同坐标系的坐标转换等基本概念。

2.1　图像采集

2.1.1　隧道开挖与支护图像采集

1)实景照片采集

隧道初期支护图像采集质量是后期数据处理的关键,也是获得良好三维图像点云效果的基础。图像采集设备主要有单反相机、外置闪光灯、标定板,如图 2-1 所示。

a)单反相机　　　　b)外置闪光灯　　　　c)标定板

图 2-1　图像采集装置

受隧道内光线暗、灰尘大、施工作业等影响,图像采集有别于室外拍摄。因此需要对相机参数进行调节和测试,以适应隧道环境。主要相机参数有拍照模式、快门、光圈、感光度、焦距、对焦模式、闪光模式、测光模式以及图像分辨率。

(1)拍照模式:主要有 AUTO(全自动模式)、P(程序自动曝光模式)、TV(快门优先模式)、AV(光圈优先拍摄模式)、M(全手动拍摄模式)。在隧道图像采集时一般采用全手动模式,也可采用程序自动曝光模式,这种模式可让相机自动设置快门速度和光圈大小。

(2)快门:快门主要影响图片的清晰度。快门速度很低时,图像会抖动模糊。当光线不足、快门速度设置较高时,图像会曝光不足。因此,为减小手持拍摄时的抖动,应使快门速度大于快门安全值。在隧道初期支护图像采集时可设置快门值为1/30s。

(3)光圈:光圈具有调节进入镜头里面光线多少的作用,也是决定景深大小最重要的因素。光圈的数值越大,光圈越小,呈现的景深范围越大。光圈设置太大,图片的对比度和锐度就会降低;光圈设置太小,图像受到光线影响明显。在隧道衬砌图像采集时,光圈设置一般小于或等于F5.6,可取F7.1。

(4)感光度:感光度又称ISO值,是衡量底片对光的灵敏程度,包含低感光度、中感光度以及高感光度。低感光度可获得极为平滑、细腻的图像,中感光度和高感光度都会增加图像噪点。在隧道衬砌图像采集时,感光度设置一般小于或等于800,可取640。

(5)焦距:焦距是焦点到面镜的中心点之间的距离。镜头的焦距决定了该镜头拍摄的被摄物体在成像平面上所形成影像的大小。焦距设置不应太大,焦距太大会使采集的图像数量增加,同时会增加对焦难度。在隧道衬砌图形采集时,通常采用镜头的最短焦距。

(6)对焦模式:相机的对焦模式有两种,一种为自动对焦(AF),一种为手动对焦(MF)。在隧道衬砌图像采集时可采用单次自动对焦,也可采用手动对焦。

(7)闪光模式:使用外置闪光灯,焦距设置24cm,手动模式,闪光灯亮度值设置为1/8。

(8)测光模式:测光模式是指测试相机被拍摄物的反射率的方式。主要有中央重点测光、局部测光、点测光、评价测光四种模式。在隧道衬砌图像采集时可采用中央重点测光模式和评价测光模式,不宜采用点测光模式。

(9)图像分辨率:为达到更精确的检测精度要求,图像分辨率通常设置为最高。

图像拍摄采集具体步骤如下:

(1)拍摄区域标定板布置:标定板应具有高对比度、可清楚识别中心位置的特点,数量不少于3个。并采用全站仪辅助获取标定板中心三维空间坐标,用于坐标系转换。

(2)相机参数调节:隧道内部环境复杂,针对不同背景需要对相机参数如拍照模式、快门、光圈等进行调节,以满足图像拼接条件。

(3)图像拍摄:

①图像拍摄原则:图像应完全覆盖拍摄物体表面;相邻图像应具有足够的重叠,重叠度尽量大于50%;相机镜头与隧道表面垂直拍摄。

照片拍摄基本原则如图2-2所示。

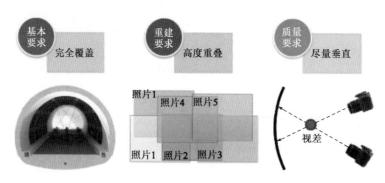

图 2-2　照片拍摄基本原则

②图像拍摄方法：以隧道中心轴线作为拍摄基线，按照先环向后纵向进行拍摄。拍摄过程中，纵向移动间距在 1.5～2.0m 之间，环向在 180°范围内建议拍摄 18 张图像，每 10°拍摄一张，可适当加密（图 2-3）。图 2-3 中实线、点划线、虚线分别表示环向采集三维示意图，其中 A 为图像采集基线上的相机位置。

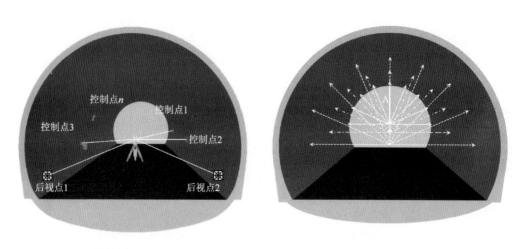

a) 图像拍摄控制点位布置　　　　　　　　b) 图像采集相机拍摄方向

图 2-3　图像采集方法三维示意图

2）控制点布设

控制点布设的范围须覆盖拍摄目标区域，并均匀分布在掌子面及边墙上，建议间距 5～10m。为保证精度，控制点数量不应少于 4 个，且不可位于同一直线上。图 2-4 给出了控制点布置方法的示意图，可根据现场施工条件进行调整。如台阶法施工时，洞壁控制点高度可沿台阶进行调整，无须保持在同一平面。

控制点布测须在拍摄前完成，可与隧道导线放线测量同步进行。控制点一般使用便于识别的图案进行标记，并用油漆标写编号。布设完成后，使用全站仪测出控制点的施工坐标。

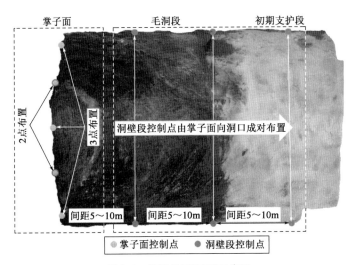

图 2-4 控制点布置方法示意图

2.1.2 隧道开挖与支护全景图像点云三维重建

在获取隧道初期支护图像数据后,采用运动恢复结构(SFM)算法(图 2-5)实现隧道初期支护图像三维点云稀疏重建(每延米隧道稀疏点云数量为万级),进而采用半全局匹配(SGM)算法对有重叠的影像进行密集匹配,实现初期支护图像密集点云重建(每延米隧道密集点云数量为百万级)。

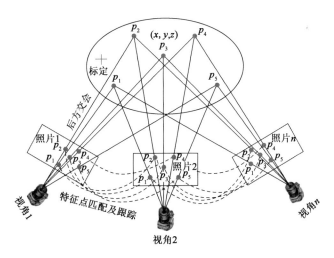

图 2-5 基于 SFM 算法三维空间信息重建示意图

注:圆点表示拍摄物体或照片上的空间点;十字表示标定控制点;虚线表示 SFM 方法的特征匹配及跟踪。

点云重建在局部坐标系下完成,重建后还需结合现场控制点信息,使用下式将点云变换至施工坐标系:

$$\begin{bmatrix} X_2 \\ Y_2 \\ Z_2 \end{bmatrix} = (1+m) \begin{bmatrix} 1 & \varepsilon_Z & -\varepsilon_Y \\ -\varepsilon_Z & 1 & \varepsilon_X \\ \varepsilon_Y & -\varepsilon_X & 1 \end{bmatrix} \begin{bmatrix} X_1 \\ Y_1 \\ Z_1 \end{bmatrix} + \begin{bmatrix} \Delta X_0 \\ \Delta Y_0 \\ \Delta Z_0 \end{bmatrix} \quad (2\text{-}1)$$

式中：(X_1,Y_1,Z_1)、(X_2,Y_2,Z_2)——两空间直角坐标系坐标；

ΔX_0、ΔY_0、ΔZ_0——3个平移参数；

ε_X、ε_Y、ε_Z——3个旋转参数；

m——尺度变化参数。

式(2-1)为两个不同空间直角坐标系的转换模型，具有7个参数，求解这7个转换参数，需要3个以上已知控制点，当超过3个已知控制点时，可根据最小二乘法，通过迭代求解7个参数的最或然值。

三维实景重建的实现主要包括照片采集、稀疏重建、稠密重建、曲面重建和纹理生成五大步骤。现场可通过布设控制点保证重建结果的真实尺寸和位置。图2-6展示了使用三维实景重建技术进行隧道建模的各流程步骤与效果图。

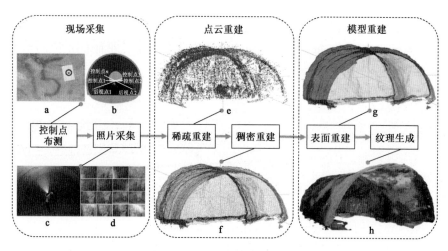

图2-6 隧道三维实景重建示意图

a-现场布置控制点；b-控制点坐标测量；c-现场照片拍摄；d-照片集；e-稀疏重建的点云效果，棱锥表示恢复出的相机位置；f-稠密重建的点云效果；g-对稠密点云生成三角网形成的轮廓面；h-将照片融合成纹理，贴于轮廓面，形成三维实景模型

2.2 图像三维重建

点云重建首先使用运动恢复结构方法（Structure from Motion, SfM）重建稀疏点云。该方法首先通过特征点匹配与对极几何建立关联图像对，然后选定初始像对利用同名点三角交汇建立初始点云，利用已知点云，可以通过投影约束确定一部分未知相机的位置，之后重复三角交

汇、新相机位置估计、光束平差这个过程,直至所有关联相机的位置和点云被重建。由此可恢复出照片拍摄时的相机投影矩阵 P_k 及镜头畸变函数 f_k^{dist}(k 为相机的编号),以及被摄物体特征点的坐标矩阵 V'_S。

由于 SfM 方法是一种相似重建,通过控制点坐标,将重建结果还原至施工坐标系并得到与真实尺寸一致的稀疏点云 V_S:

$$V_S = V'_S \cdot [R|t] \cdot S \tag{2-2}$$

式中:R——旋转矩阵;

t——平移向量;

S——比例因子。

假定控制点在施工坐标系下记为 $p_i \in V_S$,在重建坐标系下记为 $p'_i \in V'_S$,则重建坐标系至施工坐标系的变换参数可按下式求解:

$$\min \sum_n^{i=1} \Delta_i = \min_{R,t,s} \sum_n^{i=1} |p_i - p'_i \cdot [R|t] \cdot S| \quad (n \geq 3) \tag{2-3}$$

式中:n——控制点数量。

经过稀疏重建和坐标变换后,对于任意施工坐标系下的空间点 $X(x,y,z)$,其在第 k 号相机位上对应的像点坐标 $U(u,v)$ 可由下式得到:

$$\{u,v,1\}^T = f_k^{\text{dist}}(P_k \cdot [R|t] \cdot S \cdot \{x,y,z\}^T) \tag{2-4}$$

通过特征点恢复的三维稀疏点云无法准确反映被拍摄物体的表面特征,且有部分误匹配的特征点重建位置会有明显的错误,因此需要进一步利用多张照片的像素信息进行稠密重建。本书使用基于面片的多视图立体算法/基于面片的三维重建算法(Patch-based Multi View Stereo,PMVS)进行稠密点云重建。PMVS 算法将图像分割成很多小图块(Patch),利用图像间的对极关系迭代计算使图块在可视图像上的投影相关性最大化,从而确定图块的空间位置和法向量。通过在所有图像中重复匹配、扩展和过滤三个步骤,PMVS 可以得到稠密点云的顶点坐标及其法向量 $\vec{V}_D = [V_D|n_D]$。

2.2.1 隧道图像稀疏点云重建

1)运动恢复结构基础理论

SFM 算法基于二维图像恢复出相机参数及三维点空间位置信息,包括相机成像模型、多视几何以及相机标定等基本理论。相机成像模型在上文中已有介绍,下面主要对多视几何及相机标定基本理论进行介绍。

(1)多视几何

单幅图像难以恢复图像点的三维信息,要恢复图像点的三维场景深度信息,需要参考人眼立体视觉的感知方式,根据两幅或者更多幅图像间的几何关系求解场景深度信息。

对极几何可用于描述双视图对应的几何关系,且多视图几何可看作双视图几何的推广,两者计算原理是一样的。因此,可根据双视图之间的关系,来求取成像的两相机之间的位置姿态关系,进而恢复图像的三维空间结构信息,多视图三维重建同理。双视觉之间的对极约束关系如图 2-7 所示。

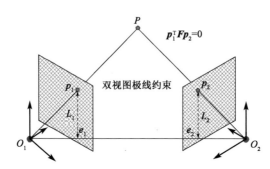

图 2-7 双视觉之间的对极约束关系

图 2-7 给出了两个相机拍摄图像之间的对应关系。O_1 和 O_2 分别为两相机的位置中心,P 为实际拍摄物体三维场景中的点,p_1 和 p_2 分别为 P 点在左右图像上对应的像点。光束向量 O_1P_1、O_2P_2 相交于 P 点,O_1O_2P 确定一个平面,即极平面。极平面与左右两幅二维图像交于 L_1、L_2 两条直线,称为极线。O_1O_2 为基线,基线与两二维图像平面交于 e_1、e_2 点,称为极点。

已知左幅图像上的点 p_1,那么在右幅图像上一定存在点 p_2 与之对应,且 p_2 一定在对应的极线上,反之同理,这种关系就是对极几何关系。若已知正确的点之间的对应关系,根据对极约束条件,可求解出两个相机之间的空间位置关系,相机的这种位置关系也是求解被拍摄物体三维空间点云坐标的关键。

对极约束可用数学表达式 $\boldsymbol{p}_1^T\boldsymbol{F}\boldsymbol{p}_2 = 0$ 来表示,其中 $\boldsymbol{F}$ 为双视图基本矩阵,$\boldsymbol{p}_1$、$\boldsymbol{p}_2$ 是同一空间点在两二维图像上的坐标向量。

(2) 相机标定

相机标定即确定相机参数,SFM 算法包括基于人工标定相机内参数和相机内参数未知(采用自标定法实现重建)两种设计方式。若不简化,透视投影矩阵有 5 个内参数和 6 个外参数,可通过特征点构造方程来解算。在内外参数解算过程中会存在畸变问题,畸变会影响 SFM 的参数估计精度,其中径向畸变对 SFM 影响最大(其他畸变可不考虑)。径向畸变估计通常采用 Brown 模型,见式(2-5)。

$$\begin{cases} u = u_d(1 + k_1r^2 + k_2r^4 + \cdots + k_nr^{2n}) \\ v = v_d(1 + k_1r^2 + k_2r^4 + \cdots + k_nr^{2n}) \end{cases} \quad (2-5)$$

式中:(u,v)——有畸变的图像点坐标;

(u_d, v_d)——无畸变的像点坐标；

k_i——径向畸变系数，$i=1,2,\cdots,n$；

r——指畸变半径，$r=\sqrt{u_d^2+v_d^2}$。

2）特征点检测与匹配

在 SFM 三维重建过程中，特征点检测与匹配是非常关键的步骤，特征点的质量和数量直接关系到生成的稀疏点的质量和数量。特征点检测与匹配过程：首先通过特征检测器在图像中检测出特征点，再利用特征匹配算法来实现图像之间的特征匹配。在诸多特征检测算法中，SIFT（基于尺度不变特征变换）特征检测器最为成熟且应用广泛。SIFT 特征是一种局部图像特征，对图像中出现的旋转、平移、亮度变换以及尺度变换等干扰具有较强的鲁棒性。SIFT 特征算法主要包括提取尺度空间极值点、精确极值点定位、关键点主方向定位、特征点描述点生成。具体算法实现可参考 Lowe 等人在 2004 年完善的基于尺度不变特征变换的特征描述子。

基于 SIFT 算法提取的图像特征点以每幅图像像素为单位存储在一个集合中，集合同时保留特征点的梯度方向特性，即 SIFT 特征向量。然后完成特征匹配，实现图像间像素的一一对应。可根据距离函数作为度量准则评判各特征向量的相似性以实现特征匹配。以欧氏距离准则作为两幅图像间特征向量的匹配标准的 SIFT 算法，基于 K-D 树对每个特征向量对应的最近邻特征点进行搜索，同时基于事先设置邻近和次邻近距离的比例阈值确定是否接受点对。可采用 RANSAC 迭代算法剔除初始匹配中存在的错误匹配点。

3）透视投影矩阵估计与场景结构恢复

在获得满足要求的匹配特征点对后，即可根据特征点对解算相机参数并三角化三维点，进而实现自标定下的透视投影矩阵估计与场景结构恢复。

在多幅图像中选取匹配点比例与基线距离都满足要求的两张图像作为初始图像对，根据已得匹配点对基于 RANSAC 的方法求解基础矩阵（自标定）。根据对极几何理论可求解极点坐标，见式（2-6）。

$$\boldsymbol{F}^\mathrm{T}e = 0 \tag{2-6}$$

对两相机的规范透视投影矩阵进行初始化以获得基础坐标：

$$\boldsymbol{M}_1 = [\boldsymbol{I}|0], \boldsymbol{M}_2 = [[e]_x \boldsymbol{F}|e] \tag{2-7}$$

接下来即可求解三角化对应的三维点坐标，求解后需采用光束平差法对所有结果进行捆绑优化，以减少噪声和误差的影响。实现初始图像对自标定后，可根据一定规律和原则选择并加入图像继续完成重建，考虑后续求解的精度和鲁棒性，可以选取基线距离合适且已知三维坐标点有最多图像点与之对应的图像作为加入规则。基于已知三维点，其他相机的透视投影矩阵求解方法如下：

$$\begin{pmatrix} u \\ v \\ 1 \end{pmatrix} = \frac{1}{s} \begin{bmatrix} M_{11} & M_{12} & M_{13} & M_{14} \\ M_{21} & M_{22} & M_{23} & M_{24} \\ M_{31} & M_{32} & M_{33} & M_{34} \end{bmatrix} \begin{pmatrix} x \\ y \\ z \\ 1 \end{pmatrix} \qquad (2\text{-}8)$$

式中： M_{ij}——3×4 透视投影矩阵，$i=1,2,3$；$j=1,2,3,4$；

$(u,v,1)^{\mathrm{T}}$——图像点坐标；

$(x,y,z,1)^{\mathrm{T}}$——三维点坐标齐次表达式。

将已知$(x,y,z,1)^{\mathrm{T}}$带入式(2-8)可获得 3 个方程，n 个已经恢复三维点可得到 $2n$ 个方程，因此需要 6 个及以上已恢复三维点才可计算出所有参数。

基于 RANSAC 的求解方法及步骤：首先，设置采样次数和内点率，每次在匹配点对中随机选取指点数量点对，求解反投影点和透视投影矩阵，并计算实际像点与反投影点之间的距离，距离小于阈值时可认为选取的样本内的点为内点；然后，更新内点率以及采样次数，重复以上步骤，选取内点率最大的样本作为结果样本，并把结果样本中内点计算的透视投影矩阵作为最终结果；最后，采用光束平差进行优化，并三角化新加入图像中未恢复的三维点，见式(2-9)、式(2-10)。

$$M_1 = \begin{bmatrix} m_1 \\ m_2 \\ m_3 \end{bmatrix}, M_2 = \begin{bmatrix} m'_1 \\ m'_2 \\ m'_3 \end{bmatrix}$$

$$\begin{bmatrix} m_1 - um_3 \\ m_2 - vm_3 \\ m'_1 - u'm'_3 \\ m'_2 - v'm'_3 \end{bmatrix} \begin{bmatrix} x \\ y \\ z \\ 1 \end{bmatrix} = 0 \qquad (2\text{-}10)$$

式中： M_1、M_2——两图像的透视投影矩阵；

$(x,y,z,1)$——待恢复的对应三维点坐标；

$(u,v,1)$ 与 $(u',v',1)$——两图像的对应点坐标。

将新恢复的三维点加入已有点云中，再次采用光束平差调整，并继续加入图像直到所有图像完成三维重建。在每次部分图像三维重建之后，都需要采用光束平差绑定调整，提高重建精度。

4）光速平差法

光束平差（Bundle Adjustment）是一种非线性优化算法,具有减少误差积累、提高求解鲁棒性的特点。损失函数见式(2-11)。

$$E(\mathbf{M},P) = \sum_{i=1}^{n}\sum_{j=1}^{m} \| p_{ij} - p(\mathbf{M}_{ij},P_{ij}) \| \tag{2-11}$$

式中： $\mathbf{M}$——透视投影矩阵；

P——场景中三维点的空间坐标；

p_{ij}——真实像点；

P_{ij}——空间三维点；

j——第 j 个三维点；

i——第 i 张照片；

$p(\mathbf{M}_{ij},P_{ij})$——三维点经过透视投影矩阵估计反投影到图像上得到的反投影像点。

损失函数是指反投影像点与实际像点之间的距离,距离越大说明三维点坐标和透视投影矩阵的误差越大。光束平差优化的对象是透镜投影矩阵和三维空间点坐标,优化的目标是使损失函数最小化。光束平差采用具有高性能阻尼策略的 LM（Levenberg-Marquarelt）算法完成非线性优化,利用梯度完成最值问题求解,采用步长自适应调整策略,步长较大时相当于梯度下降法,步长较小时接近牛顿法,但其计算速度明显优于梯度下降法。

光速平差算法在计算过程中要占用非常多的内存,并且随着重建图像数量的增多,光束平差过程会非常影响效率,学者们对此缺点也进行了相应的改进,提出了 PCG 方法、PBA 方法、基于视窗的 BA 方法、局部 BA 方法等,大大提高了光速平差过程的效率。

5）点云坐标系转换

与传统测量方法不同,采用 SFM 算法仅能恢复场景与拍摄相机的相对位置,缺乏尺度和方位信息,生成的三维点云数据只具有图像空间坐标系。因此,必须将其转变到现实世界的空间坐标系中。图像点云坐标系转换到隧道绝对空间坐标系的关键是计算两个坐标系的转换参数,可根据物方坐标系与任意工程独立坐标系的转换方法（七参数法:3 个平移参数、3 个旋转参数和 1 个尺度参数）,基于 3 个以上标定板中心实际空间坐标以及与其对应的点云坐标,根据坐标系转换公式,将图像点云坐标转换成隧道的现实空间坐标,实现图像点云缩放、平移和旋转等空间几何变换,将 SFM 点云模型纳入现实世界空间坐标系,得到具有绝对坐标系和尺寸的隧道初期支护点云模型。

2.2.2 隧道图像密集点云重建

在完成基于运动恢复结构算法的隧道图像稀疏点云重建后,可基于半全局匹配算法生成稠密点云,对重叠图像进行多视密集匹配。SGM 是一种计算机视觉领域的影像匹配算法,主要包括匹配代价计算、匹配代价聚合、视差计算、一致性检查 4 个环节。可简化计算的复杂程度,可有效避免纹理重复区域的错误匹配,对噪声不敏感,在不连续处也有稳定的处理,能够有效提高计算效率。针对隧道初期支护图像纹理复杂、噪声干扰大的特点,能够有效地逐个像素进行密集匹配,可得到十分密集的点云,点云精度高。下面将重点介绍 SGM 密集匹配算法。

1)匹配代价计算

在图像匹配过程中,图形 I_1 和图像 I_2 的统计相关性 MI_{I_1,I_2}(互信息)可通过两幅影像的信息熵和联合信息熵定义:

$$MI_{I_1,I_2} = H_{I_1} + H_{I_2} - H_{I_1,I_2} \tag{2-12}$$

式中:H_{I_1}、H_{I_2}——分别为图像 I_1、I_2 的信息熵;

H_{I_1,I_2}——图像 I_1、I_2 的联合信息熵。

互信息可根据图像的灰度值分布概率 P 计算获得:

$$H_I = -\int_0^1 P_I(i) \lg P_I \mathrm{d}i \tag{2-13}$$

$$H_{I_1,I_2} = -\int_0^1\int_0^1 P_{I_1,I_2}(i_1,i_2) \lg P_{I_1,I_2}(i_1,i_2) \mathrm{d}i_1 \mathrm{d}i_2 \tag{2-14}$$

式中:P_I——图像 I_1 或者 I_2 的分布概率;

P_{I_1,I_2}——图像 I_1、I_2 的联合分布概率。

因为需要在整幅图像上进行互信息计算,且需要基于初始视差对搜索图像进行变换,这限制了互信息作为匹配测度的应用。

可采用泰勒级数展开的方法解决在整幅图像上进行互信息计算的限制,即将联合信息熵的计算转换为多个数据项之和:

$$H_{I_1,I_2} = \sum_P h_{I_1,I_2}(I_{1p},I_{2p}) \tag{2-15}$$

$$h_{I_1,I_2}(I_{1P},I_{2P}) = -\frac{1}{n}\lg[P_{I_1,I_2}(i,k) \otimes g(i,k)] \otimes g(i,k) \tag{2-16}$$

式中:$g(i,k)$——二维高斯卷积;

$P_{I_1,I_2}(i,k) = \frac{1}{n}\sum_p T[(i,k) = (I_{1p},I_{2p})]$,$T = [\ ]$ 中等式成立时取 1,不成立时取 0;

h_{I_1,I_2}——基于二维卷积运算获得的同名像点亮度值的分布概率,在计算过程中每个像素计算过程相互独立,仅基于同名像点对的灰度值。

与联合信息熵类似,对于单幅图像:

$$\begin{cases} H_I = \sum_p h_I(I_p) \\ h_I(i) = -\dfrac{1}{n}\lg[P_I(i)\otimes g(i)]\otimes g(i) \end{cases} \tag{2-17}$$

可利用联系概率分布进行计算:

$$P_{I_1}(i) = \sum_k P_{I_1,I_2}(i,k) \tag{2-18}$$

最终定义:

$$\begin{cases} MI_{I_1,I_2} = \sum mi_{I_1,I_2}(I_{1p},I_{2p}) \\ mi_{I_1,I_2}(i,k) = h_{I_1}(i) + h_{I_2}(k) \end{cases} \tag{2-19}$$

基于互信息 MI 的匹配代价:

$$\begin{cases} C_{MI}(p,d) = -mi_{I_b,f_D(I_m)}(I_{bp},I_{mq}) \\ q = e_{bm}(p,d) \end{cases} \tag{2-20}$$

假设参考图像像素 p 及其对应待匹配图像的同名点 q 的灰度分别为 I_{bp} 和 I_{mq}。d 指核线参数,$q = e_{bm}(p,d)$ 指对应于参考图像像素 p 的匹配影像上的核线。

则基于互信息(MI)的匹配代价函数可表示为:

$$C_{MI}(p,d) = h_{I_b,f_D(I_m)}(I_{bp},I_{mq}) - h_{I_b}(I_{bq}) - h_{f_D(I_m)}(I_{mq}) \tag{2-21}$$

式中:$h_{I_b}(I_{bq})$、$h_{f_D(I_m)}(I_{mq})$——以像素 p、q 为中心的块图像的熵;

$h_{I_b,f_D(I_m)}(I_{bp},I_{mq})$——两个块图像的联合熵。

为缩短计算时间、增加相似性测度对重采样及噪声的抵抗力,Birchfield 和 Tomasi 提出了一种类似线性插值的方法,具体原理可参考相关文献。

2)匹配代价聚合

当全部匹配点对的匹配代价之和最小时获得的匹配准确性最高,通常用能量函数公式表示:

$$E(D) = \sum_p C(p,D_p) \tag{2-22}$$

基于点的匹配代价计算受到多方面因素的影响会产生错误,进而影响到周边点的深度估计。为提高匹配的正确性,SGM 算法增加了额外的平滑约束:

$$E(D) = \sum_p e(p,d) = \sum_p c(p,d) + \sum_{q\in N_p} P_1 T(|d-d_q|=1) + \sum_{q\in N_p} P_2 T(|d-d_q|>1) \tag{2-23}$$

式中: $e(p,d)$——视差为 d 的任一像点 p 的能量函数;

$c(p,d)$——视差为 d 的任一像点 p 的匹配代价函数;

N_p——像点 p 所属的邻域；

$P_1T(|d-d_q|=1)$ 和 $P_2T(|d-d_q|>1)$ ——利用 P_1 和 P_2 两系数对像点与其相邻的像点视差存在的较小与较大变化进行的惩罚，像点 p 和 q 的视差分别为 d 和 d_q。

对于二维图像，式（2-22）全局最小值的求解复杂程度高且存在不确定性（NP），而采用动态规划方法能够高效地实现对一维路径上的能量最小化求解。因此，可通过合并多个一维路径结果来近似拟合二维的情况，在 SGM 中一个二维平滑约束可通过 8 个或者 16 个方向上的一维平滑约束近似拟合获得，最后对各个方向的匹配代价相加聚合得到总的匹配代价。

以 L 的约束范围，沿着路径 r 方向，像素 p 的代价 $L_r(p,d)$ 可由递归方式定义：

$$L_r(p,d) = C(p,d) + \min\begin{cases} L_r(p-r,d) \\ L_r(p-r,d\pm 1) + P_1 \\ \min_i L_r(p-r,i) + P_2 \end{cases} - \min_k L_r(p-r,k) \qquad (2\text{-}24)$$

图 2-8 为 16 个方向的匹配代价，把各个方向的匹配代价累加，可计算总的匹配代价 $S(p,d)$：

$$S(p,d) = \sum_r L_r(p,d) \qquad (2\text{-}25)$$

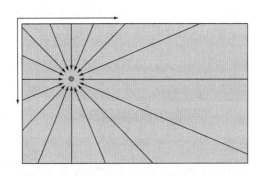

图 2-8　16 个方向匹配代价聚合

对于每个像素点 p，其对应的总匹配代价最小的视差值即为在视差的最大范围内计算得到所有像点的匹配代价 $S(p,d)$ 的最小值：

$$d_p = \min_d S(p,d) \qquad (2\text{-}26)$$

3）视差计算和优化

已知所有像点的匹配代价 $S(p,d)$，每个像点 p 视差 d_p，便很容易计算参考图像 I_b 的视差图 D_b。虽然在匹配代价计算中参考图像 I_b 与搜索图像 I_m 不是相同对待的，但可根据参考图像 $S(p,d)$ 估算搜索图像 I_m 的视差图 D_m，则搜索图像 I_m 中每个像点的视差 $d_m = \min_d S[e_{mb}(q,d),d]$。可采用中值滤波方法分别对视差图 D_b 和 D_m 进行中值滤波去掉突变的部分，得到最终的视差。

4）一致性检验

为提成视差的可靠性和精度,需要进行视差的一致性检查。经过处理的参考图像视差图 D_b 和搜索图像视差图 D_m 可作为判断遮挡和错误匹配的依据,即采用比较算法比较输出的匹配点对的视差[式(2-27)],若计算结果差别过大,则不接受该结果,并将该点表示为误匹配点 D_{inv}。

$$D_p = \begin{cases} D_{bp} & |D_{bp} - D_{mq}| \leqslant 1, q = e_{bm}(p, D_{bp}) \\ D_{inv} & \text{其他} \end{cases} \quad (2\text{-}27)$$

式中： D_p——经过一次性检验得到的像点 p 的视差;

D_{bp}——参考图像视差图 D_b 中对应像点 p 的视差;

D_{mq}——搜索图像视差图 D_m 中对应像点 q 的视差;

$q = e_{bm}(p, D_{bp})$——像点 p 和像点 q 满足的能量函数。

综上所述,半全局匹配算法通过平滑性约束、8 个或 16 个方向的一维路径动态规划运算、左右视图的一致性检查,提高了其对噪声等影响的鲁棒性,保证了结果更加准确可靠。

2.2.3 图像点云数据预处理

通过三维重建,获取的隧道开挖轮廓三维图像点云数据量十分庞大。而点云中不可避免地存在灰尘、施工机械、堆积物、电线及超前支护等大量的冗余数据,这些不必要的信息会影响分析精度和效率。因此,在数据分析前,需要剔除这些冗余信息。

1）点云去噪

灰尘及机器振颤产生的噪声称为孤点,指以该点为球心的一定范围内没有或者很少有其他点信息的点。目前,常用的去除噪声的方法是基于点的邻域特征统计分析法,根据统计分析特征,删除点云中不符合设定标准的点。因为噪点与主体点云的距离通常会大于邻近点间的平均距离,因此可将点到邻域点间的距离统计分布作为判断噪点的依据。

可采用离群点剔除(Statistical Outlier Removal)滤波器删除孤点,即通过判断查询点与邻近点集之间的距离过滤掉离群点。在点云数据中,规定每个点周围一定范围内至少要有足够多的邻近点(图 2-9)。如果指定至少要有 2 个邻居,星形和三角形的点都将被删除,如果指定至少要有 1 个邻居,只有三角形的点会被删除。

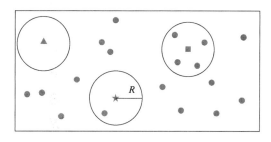

图 2-9 Radius Outlier Removal 滤波处理示意图

施工机械、堆积物等一般在地面,可采用地形过滤的方法保留最低点,将其剔除;电线、超前支护一般离洞壁一定距离,可通过筛选隧道轮廓点云,删除距离轮廓点云一定阈值的数据的点云算法,将电线、超前支护等剔除。

2)点云数据压缩

图像三维点云数据不仅记录隧道初期支护表面各点的空间坐标系信息,还记录距离、颜色、法向量等信息,当拍摄图像数量不同时,隧道初期支护图像三维重建点云数量也会不同,而且数量巨大(点云数量通常在百万级别)。海量数据会给计算机自动处理造成较大负担,占用大量内存资源,严重降低点云显示、处理以及数据分析的效率。因此,在点云数据预处理阶段如果点云数量远远超过实际需要,可根据工程需要对点云数据进行压缩。

目前,对点云数据压缩的算法已非常成熟,可实现点云数据压缩与精简。点云压缩方法可划分为点云数据存储大小的压缩和点云传输过程中的编码压缩两大类。点云传输过程中编码压缩方法中的基于八叉树划分的点云压缩算法允许编码压缩所有类型的点云,包括具有无参考点和变化的点尺寸、分布密度、分辨率和点顺序等结构特征的"无序"点云,同时底层的八叉树结构能够从多个输入源高效地合并点云数据,可对点云数据构建八叉树结构、完成点云数据八叉树编码,进而实现点云数据的高效压缩。

八叉树(图2-10)是一种用于描述三维空间的树状数据结构。八叉树对应于空间体积的递归分区,最常用来划分三维空间。基于八叉树划分的点云压缩算法是一种基于 Octree 数据结构的点云高效管理、检索以及空间处理算法,其可对不同的应用环境设置不同的精简点距离,具有简洁高效、减小数据空间占用、便于数据传输等特点。

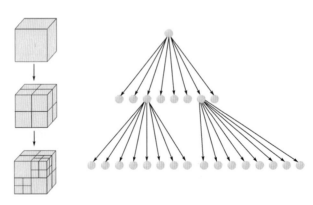

图 2-10　八叉树结构示意图

基于八叉树划分的点云压缩算法具体实现步骤如下:

(1)加载点云。

(2)设置配置信息,初始化编码器。使用配置文件进行参数配置的好处是预先为点云压缩定义了参数,为获取的点云进行了压缩的优化。可根据具体情况配置压缩文件,包括分辨率

$1cm^3$,压缩完之后无颜色,快速在线编码;分辨率$1cm^3$,压缩完之后有颜色,快速在线编码;分辨率$5mm^3$,压缩完之后无颜色,快速在线编码;分辨率$5mm^3$,压缩完之后有颜色,快速在线编码;分辨率$1mm^3$,压缩完之后无颜色,快速在线编码;分辨率$1mm^3$,压缩完之后有颜色,快速在线编;分辨率$1mm^3$,压缩完之后无颜色,高效离线编码;分辨率$1mm^3$,压缩完之后有颜色,高效离线编码;分辨率$5mm^3$,压缩完之后无颜色,高效离线编码;分辨率$5mm^3$,压缩完之后有颜色,高效离线编码;分辨率$1mm^3$,压缩完之后无颜色,高效离线编码;分辨率$1mm^3$,压缩完之后有颜色,高效离线编码等。

(3)高级参数化参数配置。包括是否将压缩相关的统计信息打印到标准输出上;设置八叉树分辨率;定义点坐标的编码精度;是否进行体素下采样(每个体素内只留下体素中心一个点);点云压缩模式对点云进行差分编码压缩,用这种方法对新引入的点云和之前编码的点云之间的差分进行编码,以便获得最大压缩性能;是否对彩色编码压缩;定义每一个彩色成分编码后所占的位数等。

(4)实现点云压缩和解压。

2.2.4 实景模型重建

相比稀疏点云,稠密点云已经基本可以反映隧道的真实形态(图2-6f),但离散点不便于计算分析且可视化效果差,因此还需进一步对点云进行表面重建并生成纹理。本书使用泊松表面重建方法,其原理是构造一个空间指示函数χ,使χ在物体内部取值为1,外部取值为0。则χ在物体表面的梯度场应该为物体表面的法向量场。将PMVS稠密重建得到的有向稠密点云$\vec{V}_D$作为三维空间函数χ的梯度有:

$$\nabla\chi(p) = \vec{V}_D(p) \tag{2-28}$$

对两边求导,得到泊松方程:

$$\Delta\chi \equiv \nabla \cdot \nabla\chi = \nabla\vec{V}_D \tag{2-29}$$

求解式得到空间指示函数χ,则重建表面为χ的等值面:

$$\partial M = \{\chi(q) = \gamma\} \tag{2-30}$$

式中,$\gamma = avg[\chi(V_D)]$。

等值面提取时,使用基于自适应八叉树建立稠密点云V_D的索引网格$Oct(\{V_D\})$。八叉树的深度应使V_D每个点都能落入不同的叶子节点中(图2-11)。使用Marching Cubes算法对$Oct(\{V_D\})$中包含数据点的网格及其邻近网格抽取等值面三角网,得到重建曲面$S(\{V_S\}, \{T\})$,其中$\{V_S\}$表示泊松重建后得到的顶点,$\{T\}$表示顶点集$\{V_S\}$的三角剖分关系。

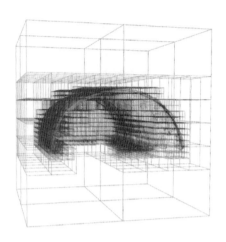

图 2-11　对点云建立自适应八叉树示意图

利用三维重建得到的相机矩阵对表面重建完成的网格进行投影,可以得到照片像素与空间网格的对应关系,从而可以将网格坐标从三维坐标系转化为平面坐标系下的纹理坐标。将处理的所有纹理进行融合,可得到完整的模型表面纹理。纹理生成过程如图 2-12 所示。为保证纹理的均匀连续性,还需要对纹理的网格分割和图像融合做一定的处理。

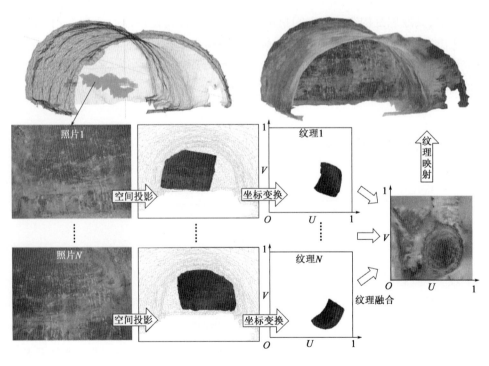

图 2-12　纹理生成示意图

2.3 全景图像构建

三维实景对空间位置关系展示效果较好,但是工程上进行表观检查和分析时,二维图像更便于浏览和标记。因此将隧道表面图像矫正拼接制作成全景展开图,是隧道检测和评估中常用的手段。本书通过改进已有的方法构建全景展开图,使用二维参数化方法构建设计轮廓作为矫正曲面,并通过网格点射线求交运算使矫正曲面与三维重建表面重叠,从而避免围岩表面起伏过大导致的视差问题。

2.3.1 构建设计轮廓

将隧道设计断面作为流线,沿隧道的平纵导线进行扫描,从而构建出隧道的设计开挖轮廓(图 2-13)。

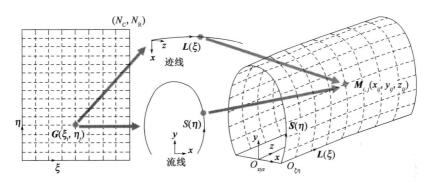

图 2-13 设计轮廓构建方法示意图

设迹线的参数方程为 $L(\xi)$,流线的参数方程为 $S(\eta)$,则对第 i 行 j 列的网格点 $G_{i,j}(\xi_i,\eta_j)$,其在施工坐标系下的空间坐标 $M_{i,j}(x_{ij},y_{ij},z_{ij})$,可由下式计算得出:

$$M_{i=1\sim N_C, j=1\sim N_R}(x_{ij},y_{ij},z_{ij}) = \begin{bmatrix} f_x(\xi_i,\eta_j) & f_y(\xi_i,\eta_j) & f_z(\xi_i,\eta_j) \end{bmatrix}^{\mathrm{T}}$$

$$= \begin{bmatrix} L_x(\xi_i) + \cos\left[\arctan\dfrac{\mathrm{d}L_z(\xi_i)}{\mathrm{d}L_x(\xi_i)}\right] \cdot S_x(\eta_j) \\ L_y(\xi_i) + S_y(\eta_j) \\ L_z(\xi_i) + \sin\left[\arctan\dfrac{\mathrm{d}L_z(\xi_i)}{\mathrm{d}L_x(\xi_i)}\right] \cdot S_x(\eta_j) \end{bmatrix} \quad (2\text{-}31)$$

式中:N_C——所划分网格的列数;

N_R——所划分网格的行数,行列数划分越多则计算结果精度越高。

网格的点 $M_{i,j}$ 的法向量：

$$n_{i,j} = \xi_{i,j} \times \eta_{i,j} \tag{2-32}$$

$$\begin{cases} \xi_{i,j} = \left(\dfrac{\mathrm{d}f_x(\xi_i,\eta_j)}{\mathrm{d}\xi}, \dfrac{\mathrm{d}f_y(\xi_i,\eta_j)}{\mathrm{d}\xi}, \dfrac{\mathrm{d}f_z(\xi_i,\eta_j)}{\mathrm{d}\xi} \right) \\ \eta_{i,j} = \left(\dfrac{\mathrm{d}f_x(\xi_i,\eta_j)}{\mathrm{d}\eta}, \dfrac{\mathrm{d}f_y(\xi_i,\eta_j)}{\mathrm{d}\eta}, \dfrac{\mathrm{d}f_z(\xi_i,\eta_j)}{\mathrm{d}\eta} \right) \end{cases} \tag{2-33}$$

2.3.2 图像矫正拼接

图像矫正的关键问题是找到展开图像与原始图像对应的采样关系。构建设计轮廓曲面时，使用了一个二维坐标，可将其作为展开图的坐标，根据式(2-30)可得到展开图平面点(ξ,η)与$M(x,y,z)$设计轮廓点的关系（图2-14①）。将设计轮廓网格曲面与三维重建模型求交计算（图2-14②）后得到净空计算网格曲面M^S（图2-14③）。用变换函数表述为：

$$M^S(x,y,z) = [f_x^S(\xi,\eta), f_y^S(\xi,\eta), f_z^S(\xi,\eta)]^T \tag{2-34}$$

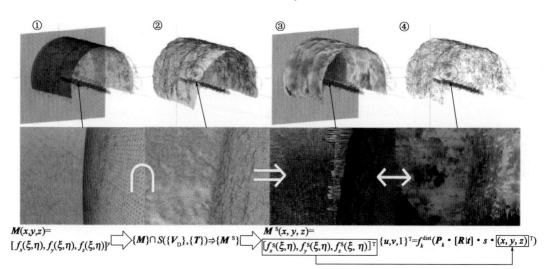

图2-14　图像矫正关系的建立

利用稀疏点云重建环节得到的施工坐标系中任意空间点在第k张照片的投影关系，借助净空计算网格，可建立展开图坐标与照片坐标的关联关系，即将式(2-34)代入式(2-3)：

$$\{u,v,1\}^T = f_k^{\mathrm{dist}}(P_k \cdot [R|t] \cdot s \cdot \{f_x^S(\xi,\eta), f_y^S(\xi,\eta), f_z^S(\xi,\eta)\}^T) \tag{2-35}$$

将式(2-35)简化为：

$$\begin{cases} u = f_k^u(\xi,\eta) \\ v = f_k^v(\xi,\eta) \end{cases} \tag{2-36}$$

可得展开影像在第 k 张照片上的采样关系为：

$$Img_{\text{flat}}(\xi,\eta) = Img_k[f_k^u(\xi,\eta),f_k^v(\xi,\eta)]$$

$$\left[\eta \in (\eta_l,\eta_r),\xi \in (\xi_t,\xi_b),(\eta,\xi) \notin I_m,\alpha \leqslant \frac{\pi}{12}\right] \tag{2-37}$$

基于采样关系，可通过双线性差值算法对原图进行采样插值得到矫正后的图像。式(2-37)的边界条件中，η_l、η_r、ξ_t、ξ_b 表示单张照片变换后在展开图中的范围；I_m 表示被其他模型遮挡的部分，在构建掌子面展示图时可以确定隧道临空面的边界范围，从而避免临空面部分的影像出现在掌子面影像中影响后期拼接；α 表示投影角度，可由模型点的法向量与该点到相机光心的射线的夹角确定。边界条件的取值及计算方法可参考相关文献。

三维重建的过程已经对不同图像进行了配准，由于本文在图像矫正过程中没有引入视差，因此无须再对图像做拼接前的平差运算，可直接对图像进行曝光补偿、搜寻最优缝合线和多尺度融合运算，生成全景展开图。使用本章方法生成的全景展开图比直接使用文献方法生成的全景展开图具有更少的接缝和错位，能很好地适应裸露围岩表面起伏变化较大的情况。

第3章 基于全景影像的隧道围岩智能识别与分级技术

基于超像素分割的围岩节理裂隙识别方法：围岩节理裂隙是一类具有三维空间属性的目标物，因此在开挖面三维图像的基础上开展节理裂隙识别研究，相较于普通二维图像具有明显的优势，能够获得更为精确的围岩结构面产状信息。

本章首先利用 Agisoft 软件完成浙江虎溪台隧道部分区段的开挖面三维图像重建；随后基于改进的 SLIC 超像素分割算法，将三维 Mesh 图像的基本元素——三角面（Triangle）按照颜色、空间坐标、法向量等指标进行聚类分组；最后，基于角度差异性对各个超像素进行筛选，筛选结果即为该开挖面的围岩节理裂隙识别结果。

围岩结构特征数据多层级融合与稳定性分级：由前文的超像素分割算法与结构面提取算法，可获得单个掌子面的节理裂隙初步筛选结果，本章将基于多层次的聚类算法，先后在单个开挖面层面、隧道区间整体层面，对围岩结构特征进行融合，以精确捕捉不同尺度的结构面，获得该隧道区间内的完整结构面信息。在该地质信息的基础上，基于计算机视觉计数，计算隧道围岩稳定性分级结果。

3.1 三维图像 SLIC 超像素分割

3.1.1 技术方案

1）岩石节理裂隙图像特点

天然岩体在长期的地质作用和化学作用下，其内部往往会产生如节理、断层、裂隙等特殊地质构造，这些不连续结构面的形成，会对岩体的物理力学性质造成明显的影响。除了大型断层以外，研究者通常也将节理、层理、裂隙或其他对岩体力学特征构成影响的结构面统称为节理，并将包含节理的工程岩体统称为节理岩体。

结合 1980 年 Adams 等人的总结以及对本次采集的三维图像的分析，岩石节理裂隙表观特征可以归纳为以下几个方面：

(1)在形状上,由于岩体的地理位置和所处地质环境差异,节理裂隙的产生机理各有不同,因而其形状表现各异。

(2)在颜色上,图像中的节理裂隙既可以表现为有一定宽度的深色条纹,如图3-1a)所示;也可以表现为与围岩背景相似的颜色,如图3-1b)所示;或几乎没有宽度,表现为岩石纹理突变所形成的视觉上的分割线,如图3-1c)所示;后两者容易导致识别结果中的假反例偏多。

(3)部分岩石节理裂隙存在填充物,如图3-1d)所示,这些填充物的成分各异,不仅导致裂隙表面平整度较低,也使得裂隙识别过程更加困难。

(4)由于围岩表面不平整以及照明方向的问题,图像中会存在条状阴影,如图3-1e)所示;或者岩石表面的纹理存在干扰性,如图3-1f)所示;以上两种情况均容易导致识别结果中假正例偏多。

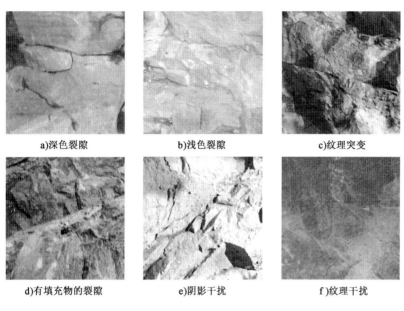

图3-1 岩石节理裂隙图像

2)三维点云图像数据结构

三维点云图像是一种简单的三维图像数据结构,与二维像素图像类似,对于一个三维点云图像 Pcd,有:

$$Pcd = (p_1, p_2, p_3, \cdots, p_n) \tag{3-1}$$

其中,p 表示点,是点云的基本构成单元,共包含6个属性,因此一个点可以表示为六维向量:

$$p = (x, y, z, r, g, b)^T \tag{3-2}$$

式中:x、y、z——该点的空间坐标;

r、g、b——该点的 RGB 色值。

从上述数据结构可以看出,三维点云中的各个点之间是无序、离散和独立的。

3) 三维 Mesh 图像数据结构

三维 Mesh 是另一种主流的三维图像数据结构。由于三维点云图像具有离散性和独立性,从中提取并分析几何特征比较困难,因此本章以三维 Mesh 图像作为研究对象,识别开挖面图像中的节理裂隙。以下介绍三维 Mesh 图像的数据结构。

如图 3-2 所示,对于一个三维图像 $Mesh$,有:

$$Mesh = (Ver, Tri) \tag{3-3}$$

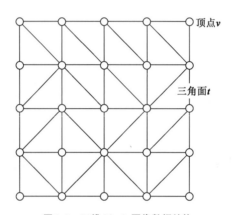

图 3-2 三维 Mesh 图像数据结构

其中,Ver 表示顶点 v 的集合,Tri 表示三角面 t 的集合:

$$Ver = (v_1, v_2, \cdots, v_n) \tag{3-4}$$

$$Tri = (t_1, t_2, \cdots, t_m) \tag{3-5}$$

其中,与三维点云图像中的点 p 类似,一个顶点 v 包含 6 个属性,分别是其空间坐标 x、y、z 与 RGB 色值 r、g、b。因此,一个顶点 v 可以表示为六维向量:

$$v = (x, y, z, r, g, b)^T \tag{3-6}$$

三角面 t 是三维图像的基本构成元素,一个三角面 t 是三个顶点 v 的集合,表示这三个顶点之间相互连接,存在一个面(Surface),因此三角面 t 可以表示为:

$$t = (v_1, v_2, v_3) \tag{3-7}$$

最后,通过对已有的开挖面三维图像的分析可知,三角面 t 的尺度通常为 5~30mm,其离散性与独立性依然较强,并且容易出现大量异常值,不利于直接进行结构面识别。

因此,本章提出一种基于改进 SLIC 的三维图像分割算法,对三角面 t(即 Mesh 单元)进行聚类并生成超像素 s,再以超像素 s 为分析单元进行法向量、中心点坐标、面积等几何特征的提取,能够有效克服上述问题。

3.1.2 三维图像超像素分割

简单线性迭代聚类(Simple Linear Iterative Clustering,SLIC),是 Achanta 等人于 2010 年提出的超像素分割算法,算法首先将二维图像从 RGB 色彩空间转化到 CIELAB 色彩空间。这样,单个像素可以表示为 LAB 特征与 XY 空间坐标的五维向量,随后对五维特征向量构造距离度量函数,对像素进行局部聚类,生成超像素。

SLIC 算法的本质是将 K-means 聚类算法用于二维图像的像素聚类,其可以生成簇内紧凑、簇间大小均匀的超像素,运算开销较小,而且在对象轮廓保持、超像素性状方面表现较好。

以下将在 SLIC 超像素分割算法框架上进行改造,以适应三维 Mesh 图像的特殊格式。在执行改进的 SLIC 三维图像分割算法时:

(1)遍历三维 Mesh 图像中的所有顶点,将顶点 v_i 从 RGB 色彩空间转换到 CIELAB 色彩空间,如式(3-8)所示。

$$(u_i, v_i, w_i)^{\mathrm{T}} = \begin{pmatrix} 0.412453 & 0.357580 & 0.180423 \\ 0.212671 & 0.715160 & 0.072169 \\ 0.019334 & 0.119193 & 0.950227 \end{pmatrix} (r_i, g_i, b_i)^{\mathrm{T}} \tag{3-8}$$

$$l_i = 116 f(v_i/V) - 16 \tag{3-9}$$

$$a_i = 500 [f(u_i/U) - f(v_i/V)] \tag{3-10}$$

$$b_i = 200 [f(v_i/V) - f(w_i/W)] \tag{3-11}$$

其中,U、V、W 分别为 0.950546、1.0、1.088754,是 RGB 空间到 LAB 空间的转换系数;f 为转换函数,f 的定义见式(3-12)。

$$f(t) = \begin{cases} t^{1/3} & t > \left(\dfrac{6}{29}\right)^3 \\ \dfrac{1}{3}\left(\dfrac{29}{6}\right)^2 t + \dfrac{4}{29} & t \leq \left(\dfrac{6}{29}\right)^3 \end{cases} \tag{3-12}$$

经过上述处理,三维 Mesh 图像中的一个顶点 v_i 可以表示为:

$$v_i = (x_i, y_i, z_i, l_i, a_i, b_i)^{\mathrm{T}} \tag{3-13}$$

式中:l_i、a_i、b_i——CIELAB 色彩空间的三个分量;

x_i、y_i、z_i——顶点的欧式空间坐标。

(2)初始化 k 个种子三角面(即聚类中心),其中 k 为预先设定的参数,可根据图像大小随意选择。如图 3-3 所示,其中 1、2 为随机布置的聚类中心。

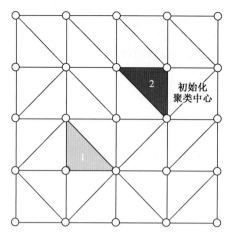

图 3-3 随机布置聚类中心

(3) 为了避免种子三角面错误分布在轮廓边界上,对种子三角面的相邻三角面,计算每个三角面的色彩梯度值,并选择其中值最小的三角面作为新的种子三角面。

(4) 遍历所有种子三角面,为了降低计算开销,仅仅遍历当前种子三角面 t_j 的 $2 \cdot Step$ 范围内的其他三角面 t_i,并计算距离函数 $D(t_i, t_j)$,如式(3-15)所示。

$$Step = \sqrt{N/k} \quad (3-14)$$

式中:N——该三维 Mesh 图像中三角面 t 的总数;

k——预先设定的参数,表示预计分割块数,在本试验中通常设置为 15000。

$$D(t_i, t_j) = \sqrt{\left(\frac{D_{\text{lab}}}{o}\right)^2 + \left(\frac{D_{xyz}}{p}\right)^2 + \left(\frac{D_{\theta}}{q}\right)^2} \quad (3-15)$$

$$D_{\text{lab}} = \sqrt{(\bar{l}_j - \bar{l}_i)^2 + (\bar{a}_j - \bar{a}_i)^2 + (\bar{b}_j - \bar{b}_i)^2} \quad (3-16)$$

$$D_{xyz} = \sqrt{(\bar{x}_j - \bar{x}_i)^2 + (\bar{y}_j - \bar{y}_i)^2 + (\bar{z}_j - \bar{z}_i)^2} \quad (3-17)$$

$$D_{\theta} = \tan^2(\boldsymbol{\theta}_j, \boldsymbol{\theta}_i) \quad (3-18)$$

式中:o、p、q——均为预先设定的系数;

D_{lab}——两个三角面在 CIELAB 色彩空间中的距离;

D_{xyz}——两个三角面在 XYZ 空间坐标下的欧式距离;

D_{θ}——两个三角面法向间的差异程度;

$\boldsymbol{\theta}_i$ 与 $\boldsymbol{\theta}_j$——分别表示三角面 t_i、t_j 的法向量。

(5) 遍历三维 Mesh 图像中的每个三角面,选择距离度量 D 最小的聚类中心(即在指标上与该三角面最相似的三角面),确认为该三角面的聚类中心,完成聚类:

$$center(t) = \underset{t_i \in Cen}{\operatorname{argmin}} D(t, t_i) \tag{3-19}$$

其中，Cen 表示聚类中心所构成的集合。

(6)对于每一个聚类簇，更新聚类中心，具体操作为：计算该聚类中的所有三角面的共同几何中心，选择离该中心最近的三角面作为新的聚类中心。

(7)重复执行步骤(4)、(5)与(6)，迭代数轮之后终止。

经过上述超像素分割算法，原有的三维 Mesh 图像中的三角面 t 被聚类为几簇，各个簇内的三角面之间在朝向、颜色与位置的属性上具有相似性，超像素分割算法的处理结果 $Mesh_{\text{sup}}$ 的示意图如图 3-4 所示，为下一步隧道开挖面结构面提取提供了数据基础。

$$Mesh_{\text{sup}} = (Ver, Tri, Sup) \tag{3-20}$$

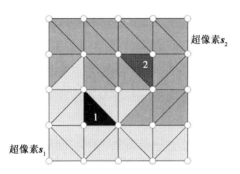

图 3-4 超像素分割算法处理结果示意

其中，Ver、Tri 分别表示顶点 v 与三角面 t 的集合，其定义见式(3-4)与(3-5)；Sup 表示三角面 t 的所构成的超像素 s 的集合：

$$Sup = (s_1, s_2, \cdots, s_m) \tag{3-21}$$

$$s = (t_a, t_b, \cdots, t_z) \tag{3-22}$$

这一聚类操作有效克服了三维 Mesh 图像本身的离散性和独立性。随后，将以超像素为分析单元(图 3-5)，统计其法向量、面积等几何指标，提取出开挖面图像中的节理裂隙。

图 3-5 超像素分割结果

3.2 基于角度差异的结构面提取算法

在采用矿山法施工的隧道中,开挖面由炸药爆破生成,主要包含了掌子面、峒壁两部分,其表面的结构面分布较边坡等岩体有较大的差异。但既有的结构面提取算法,多面向于边坡露头等岩体原生结构面明显且简单的场景,因而无法适用于隧道开挖面场景。因此,在上一小节的处理结果即超像素 $Mesh_{sup}$ 的基础上,还需重新设计算法将非结构面的超像素块筛出,并保留真正能够反映围岩结构特征的超像素。

根据隧道岩体爆破机理,在岩体爆破过程中,由于节理裂隙等结构面的发育,爆生气体在压力作用下,通过应力波拉裂岩体所产生的裂隙和既有结构面的软弱面逸出,最终使结构面延伸、岩石脱落。因此隧道围岩爆破所形成的临空面中,既有结构面的占比较高,具备筛选的前提条件。

隧道开挖面 Mesh 三维数据的法向量分布具有连续性和规律性,因此具备筛选的可能性。如图 3-6 所示为根据法向量进行重新着色的隧道开挖面三维图像,从图中可知,隧道掌子面在整体上呈现半圆形,其法向量呈单模态分布;峒壁整体上为圆柱面的形状,法向量呈均匀分布;同时,掌子面与峒壁中,结构面都在以局部异常值的形式存在,因此可以根据这一特性设计结构面提取算法。

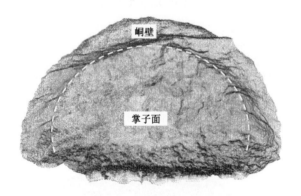

图 3-6　以法向量进行重新着色的隧道开挖面图像

3.2.1　结构面提取算法流程

(1)使用函数 f 处理三维图像 $Mesh$,获得"平滑"后的参考三维图像 $Mesh'$,见式(3-23)。

$$Mesh' = f(Mesh) \tag{3-23}$$

其中,f 为平滑函数,有多种选择,见第 2.3.2 节。

(2)针对上一步的超像素分割结果 $Mesh_{sup}$[式(3-20)],遍历 Sup 中的每一个超像素 s,并在参考三维图像 $Mesh'$ 的三角面集合 Tri' 中搜寻与其欧式距离(Euclidean Distance)最小的三角面 t^*,即所谓空间最邻近三角面,如图3-7所示。

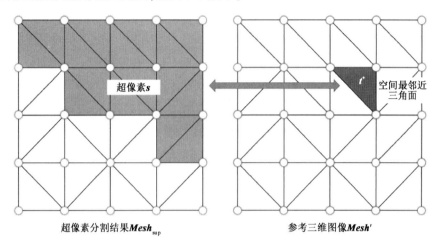

图3-7 空间最邻近三角面

$$t^* = \mathop{\text{argmin}}_{(t' \in Tri')} Eucdist(s, t') \tag{3-24}$$

其中,$Eucdist$ 表示欧几里得距离。随后,计算 s 与 t^* 法向量夹角的正切值,作为结构面筛选算法的依据指标 $metric$:

$$metric(s) = \tan^2(\boldsymbol{\theta}, \boldsymbol{\theta}^*) \tag{3-25}$$

其中,$\boldsymbol{\theta}$ 与 $\boldsymbol{\theta}^*$ 分别表示该超像素 s 与最邻近三角面 t^* 的法向量。

(3)当该指标小于阈值 $Thres$ 后,剔除该超像素 s,剔除过程完成后的集合 Sup_{slt} 可以表示为:

$$Sup_{slt} = \{s \in Sup \mid metric(s) > Thres\} \tag{3-26}$$

这样,剩余的顶点 v、三角面 t 与超像素 s 构成了结构面提取结果 $Mesh_{slt}$,见式(3-27)。

$$Mesh_{slt} = (Ver_{slt}, Tri_{slt}, Sup_{slt}) \tag{3-27}$$

其中,Ver_{slt}、Tri_{slt}、Sup_{slt} 的定义见式(3-4)、式(3-5)、式(3-26),只是由于经过了筛选环节,其中的元素个数较 $Mesh_{sup}$ 有所减少。结构面提取结果如图3-8所示。

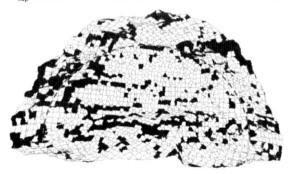

图3-8 结构面提取结果

3.2.2 利用平滑算法获取参考三维图像

在上一小节的结构面提取算法流程中,函数 f 的作用是对三维 Mesh 进行平滑操作,因此有多种可能的选项,例如网格平滑滤波算法、网格简化算法,以下将通过试验探讨最优方案。

其中,网格平滑滤波是一种减少 Mesh 图形锯齿的技术,常用的网格平滑算法有拉普拉斯平滑(Laplacian Smooth)与 Taubin 平滑算法;网格简化算法是一种尽可能利用较少的三角形来表示高分辨率网格的压缩算法,常用的网格简化算法有顶点聚簇(Vertex Clustering)与网格抽取(Quadric Decimation)。

(1)拉普拉斯平滑算法的原理,是将每个顶点 v 都移动到相邻顶点的平均位置:

$$Laplacian(v) = \frac{1}{n}\sum_{i=0}^{n-1} Adj_i(v) \tag{3-28}$$

其中,$Adj(v)$ 表示顶点 v 的领域点集。拉普拉斯算法通常会在输出最终结果之前迭代多次。

(2)Taubin 平滑的原理是使用一个负收缩因子 μ 将拉普拉斯平滑造成的收缩再放大以防止过分的变形失真,其算法主体采用了两个与拉普拉斯平滑算法相似的过程,一个过程采用正因子 $\lambda(0 \sim 1)$,另一个过程采用负因子 $\mu(-1 \sim 0)$,每一次迭代都将重复上述过程,见式(3-29)与式(3-30)。

$$v_\mathrm{T} = v + \lambda \cdot Laplacian(v) \tag{3-29}$$

$$v_\mathrm{new} = v_\mathrm{T} + \mu \cdot Laplacian(v_\mathrm{T}) \tag{3-30}$$

(3)顶点聚簇算法,又称为顶点聚类,是将原 Mesh 图形进行体素(Voxel)划分,使得划分后的小区域中包含数个顶点,再将该区域中的顶点进行合并,在试验中选用计算坐标平均值的方法进行顶点合并。

(4)网格抽取算法,是预先设定一个最小化误差指标,再逐步移除三角面,直到满足迭代停止规则为止。在试验中选用的最小化误差指标为最小化误差平方,即各个三角面与相邻三角面的空间距离之和。

图 3-9 分别展示了不同算法作为结构面提取算法中的 f 函数时的最终表现,为了便于效果展示,上图中只截取了 YK63+450 开挖面三维图像顶部的一小部分进行试验。

从试验结果可知,网格平滑滤波算法,如 Laplacian 滤波[图 3-9b)]、Tubin 滤波[图 3-9c)],相较于网格简化算法,如顶点聚簇算法[图 3-9d)]、网格抽取算法[图 3-9e)],具有更为明显的收缩效应和平滑效应,这一特性使得其处理结果更适合作为参考三维图像 $Mesh'$;同时,在相同的迭代次数下,Laplacian 滤波的结果与 Tubin 滤波相比更具有优势。综上所述,选用 Laplacian 滤波作为 f 函数。

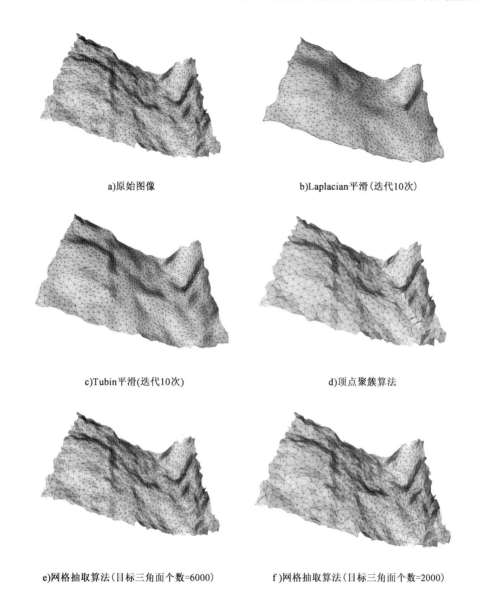

图3-9 算法比较结果

综上所述,基于角度差异的结构面提取算法能够较好地适应隧道开挖面的特殊法向量分布状况,其识别结果准确率较高,能够为后续围岩分级、节理裂隙数值模型构建提供数据基础。

由前文的超像素分割算法与结构面提取算法,可获得单个掌子面的节理裂隙初步筛选结果,在本章节将基于多层次的聚类算法,先后在单个开挖面层面、隧道区间整体层面,对围岩结构特征进行融合,以精确捕捉不同尺度的结构面,获得该隧道区间内的完整结构面信息。在该地质信息的基础上,基于计算机视觉计数,计算隧道围岩稳定性分级结果。

3.3 基于无监督学习的围岩结构特征数据多层级融合

3.3.1 试验数据

由于图片长宽比例的限制,以 7 个为一组对原始三维图像进行分组,并分别进行展示,如图 3-10 所示。在图 3-10 的基础上,经过前文的处理流程,可以获得如图 3-11 所示的围岩结构面提取结果。

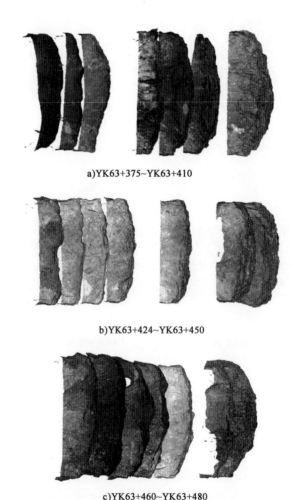

a)YK63+375~YK63+410

b)YK63+424~YK63+450

c)YK63+460~YK63+480

图 3-10　YK63+375~YK63+480 区间开挖面三维图像(合并显示)

由图 3-11 所示的结构面提取结果可知,该隧道同一开挖面内、不同开挖面间的结构面,尚未被科学聚类,并区分出离散节理裂隙、优势结构面,因此本小节将对围岩结构特征的融合算法进行研究。

图 3-11　YK63+375~YK63+480 区间结构面提取结果(合并显示)

3.3.2　基于多级聚类的围岩结构特征融合算法

围岩结构特征融合算法主要基于改进的 DBSCAN(Density-Based Spatial Clustering of Applications with Noise)聚类算法构建,如图 3-12 所示。

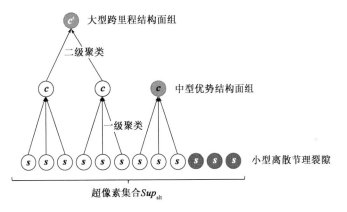

图 3-12　多层级聚类算法示意图

为了适应结构面的多尺度、多层级的特性,也为了适应后续的围岩稳定性分级方法、围岩节理裂隙数值模型构建方法对数据的需要,在多层级聚类算法处理过程中先后执行两次聚类,第一次聚类的对象为超像素 s,第二次聚类的对象为一级聚类簇 c。

通过多级聚类的策略,先后筛选出"小型离散节理裂隙""中型优势结构面组",以及"大型跨里程结构面组"。

在这一阶段,基于 DBSACN 聚类算法对上一小节的结构面提取结果 Sup_{slt} 进行聚类,获得若干组优势结构面以及小型离散节理裂隙。

DBSCAN 是一种典型的基于密度的聚类算法。在 DBSCAN 中,密度的定义是:数据集中某点的密度为该点邻域半径 ε 范围内点的个数。DBSCAN 既适用于凸样本集,也适用于非凸

样本集,算法流程如下:

(1)读入结构面提取结果 $Mesh_{slt}$ 中的超像素集合 Sup_{slt},见式(3-31)。

$$Sup_{slt} = (s_1, s_2, \cdots, s_m) \tag{3-31}$$

(2)对于该集合中的某个超像素 s,遍历集合,计算其邻近超像素的个数 $N(s)$,即:

$$N(s) = card(\{s_j \in Sup_{slt} | dist(s, s_j) \leq \varepsilon\}) \tag{3-32}$$

式中:ε——邻域半径,为预先设定的参数,在试验中为了实现精细的划分,设定了较小的邻域半径 ε;

$card$——求该集合中元素个数的函数;

$dist$——距离度量函数,在本试验中,采用如下方式计算:

$$dist(s, s_j) = \tan^2(\boldsymbol{\theta}, \boldsymbol{\theta}_j) \tag{3-33}$$

其中,$\boldsymbol{\theta}$ 和 $\boldsymbol{\theta}_j$ 分别表示超像素 s 和 s_j 的法向量,根据该超像素所包含的所有三角面 t 的法向量求平均值得到,即:

$$\boldsymbol{\theta} = \frac{\sum_{t \in s} n(t)}{card(s)} \tag{3-34}$$

$$\boldsymbol{\theta}_j = \frac{\sum_{t \in s_j} n(t)}{card(s_j)} \tag{3-35}$$

其中,$n(t)$ 表示该三角面 t 的法向量。

(3)将邻近点个数符合式(3-36)条件的超像素 s 标记为核心超像素,如图 3-13 所示。

$$|N(s)| \geq minPts \tag{3-36}$$

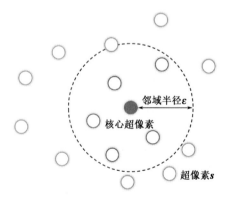

图 3-13 核心超像素判别方式

其中,$minPts$ 表示该对象成为核心超像素所要求的最小邻域点个数,为预先设定的参数。

(4)将核心超像素分类。这样代表结构面的超像素 s,均已经被聚类到各个一级聚类簇 c

中[式(3-38)]，这些一级聚类簇共同构成了集合 C_1：

$$C_1 = (c_1, c_2, c_3, \cdots, c_n) \tag{3-37}$$

$$c = (s_1, s_2, s_3, \cdots, s_m) \tag{3-38}$$

(5)统计所有一级聚类簇 c 的面积 $a(c)$，即该簇所包含的三角面个数：

$$a(c) = \sum_{s_i \in c} card(s_i) \tag{3-39}$$

最后，将 C_1 中面积最大的前三个聚类簇 c，标注为"中型优势结构面组"，未被标注为"中型优势结构面组"的其余聚类簇 c 将被标注为"小型离散节理裂隙"，所得结果见图3-14。

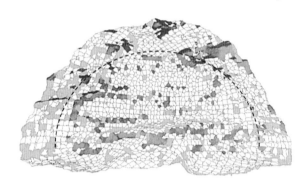

图3-14 优势结构面组识别结果

3.4 隧道围岩分级的规范方法

3.4.1 现行隧道围岩稳定性分级规范

我国《铁路隧道设计规范》(TB 10003—2016)、《公路隧道设计规范 第一册 土建工程》(JTG 3370.1—2018)、《工程岩体分级标准》(GB/T 50218—2014)中的围岩稳定性分级方法中均包含了岩体基本质量指标 BQ 的计算与修正两个部分，并且在参数处理流程上相类似。同时，《铁路隧道设计规范》(TB 10003—2016)还将地下水赋存情况、地应力分布状态的影响纳入修正因素中；在《公路隧道设计规范 第一册 土建工程》(JTG 3370.1—2018)中还考虑了软弱结构面产状，以对围岩基本质量指标 BQ 进行修正。

虎溪台隧道为高速公路隧道，因此以下将基于《公路隧道设计规范 第一册 土建工程》(JTG 3370.1—2018)进行围岩稳定性分级的算法研究。根据《公路隧道设计规范 第一册 土建工程》(JTG 3370.1—2018)，岩体基本质量分级应结合岩体质量定性描述、岩体基本质量指标 BQ 值综合考虑，按照表3-1确定。同时，当定量分级与定性分级的结果不一致时，应当重新审查数据的可靠性，并通过综合分析对围岩进行分级。

工程岩体分级标准　　　　　　　　　　表 3-1

岩体基本质量级别	岩体基本质量的定性特征	围岩基本质量指标
Ⅰ级	坚硬岩,岩体完整	$(550,+\infty)$
Ⅱ级	(1)坚硬岩,岩体较完整; (2)较坚硬岩,岩体完整	$(451,550]$
Ⅲ级	(1)坚硬岩,岩体较破碎; (2)较坚硬岩,岩体较完整; (3)较软岩,岩体完整	$(351,450]$
Ⅳ级	(1)坚硬岩,岩体破碎; (2)较坚硬岩,岩体较破碎~破碎; (3)较软岩,岩体较完整~较破碎; (4)软岩,岩体完整~较完整	$(251,350]$
Ⅴ级	(1)较软岩,岩体破碎; (2)软岩,岩体较破碎~破碎; (3)全部极软岩及全部极破碎岩	$[-\infty,250]$

1)岩体基本质量指标 BQ 的计算方法

岩体基本质量指标 BQ,应根据岩石单轴饱和抗压强度 R_c 和岩体完整性指标 K_v,按下式计算:

$$BQ = 100 + 3R_c + 250K_v \tag{3-40}$$

当基于式(3-40)计算时,应符合下列规定:

(1)当 $R_c > 90K_v + 30$ 时,应以 $R_c = 90K_v + 30$ 的计算结果代入式(3-40);

(2)当 $K_v > 0.04R_c + 0.4$ 时,应以 $K_v = 0.04R_c + 0.4$ 的计算结果代入式(3-40)。

2)岩体基本质量指标 BQ 的修正

地下工程岩体详细定级,当遇到以下情形时,应当对岩体基本质量指标 BQ 进行修正计算,并根据修正计算后的 BQ 值确定岩体稳定性级别:

(1)岩体中存在地下水;

(2)岩体的稳定性受到结构面影响,且有一组结构面起到控制作用;

(3)工程岩体存在由强度应力比所表征的初始应力状态。

对于岩体基本质量指标修正值 [BQ],可根据式(3-41)计算:

$$[BQ] = BQ - 100(K_1 + K_2 + K_3) \tag{3-41}$$

其中,BQ 的计算参照式(3-40),K_1、K_2、K_3 分别为地下水影响修正系数、主要结构面产状修正系数、初始应力状态影响修正系数,可分别根据表 3-2、表 3-3、表 3-4 获得。

地下水影响修正系数 K_1 计算表　　　　　　　　　　　　　　　　表3-2

地下水出水状态	BQ				
	$(550, +\infty)$	$(451, 550]$	$(351, 450]$	$(251, 350]$	$[-\infty, 250]$
潮湿/点滴状出水，$p \leq 0.1$ 或 $Q \leq 25$	0	0	0~0.1	0.2~0.3	0.4~0.6
淋雨状/线流状出水，$0.1 < p \leq 0.5$ 或 $25 < Q \leq 125$	0~0.1	0.1~0.2	0.2~0.3	0.4~0.6	0.7~0.9
涌流状出水，$p > 0.5$ 或 $Q > 125$	0.1~0.2	0.2~0.3	0.4~0.6	0.7~0.9	1.0

注：p 为水压(MPa)；Q 为单位涌水量$[L/(\min \cdot 10m)]$。

地下工程主要结构面产状修正系数 K_2 计算表　　　　　　　　　　　表3-3

结构面走向与洞轴线的空间关系	结构面走向与洞轴线夹角 $\alpha < 30°$ 且结构面倾角 θ 满足 $30° < \theta < 75°$	结构面走向与洞轴线夹角 $\alpha > 60°$ 且结构面倾角 $\theta > 75°$	其他组合情况
K_2	0.4~0.6	0~0.2	0.2~0.4

初始应力状态影响修正系数 K_3 计算表　　　　　　　　　　　　　　表3-4

围岩强度应力比 $R_c/\sigma_{\max}$	BQ				
	$(550, +\infty)$	$(451, 550]$	$(351, 450]$	$(251, 350]$	$[-\infty, 250]$
<4	1.0	1.0	1.0~1.5	1.0~1.5	1.0
4~7	0.5	0.5	0.5	0.5~1.0	0.5~1.0

3）各分级指标获取方式

根据对规范的整理，得到了如表3-5所示的围岩稳定性分级中所涉指标的获取方式。

围岩稳定性分级参数汇总　　　　　　　　　　　　　　　　　　　　表3-5

分级影响因素	参数	指标获取方式
岩体坚硬程度	饱和单轴抗压强度 R_c	(1) 非现场试验； (2) 由 I_s 换算
	岩石岩性（定性）	现场评估
	岩石风化程度（定性）	现场评估
岩体完整程度	岩体完整性系数 K_v	(1) 声波测试法； (2) 由 J_v 换算
	岩体完整程度（定性）	现场评估
地下水	地下水修正系数 K_1	测量或估算
结构面产状	结构面产状修正系数 K_2	现场测量
初始应力状态	初始应力修正系数 K_3	估算

其中，由于岩石单轴抗压强度 R_c 的获取较为困难，需要将岩石试样进行加工，并且在有条件的实验室内才能获取其强度，因此在施工现场通常根据岩石的点荷载强度 I_s 按照式(3-42)换算。

$$R_c = 22.82 I_{s(50)}^{0.75} \tag{3-42}$$

除此以外,利用声波测试法获取岩体完整性指标 K_v 也不常用,更多地通过计算岩体体积节理数 J_v,然后根据表3-6换算得到。

J_v 与 K_v 换算关系　　表3-6

J_v(条/m³)	小于3	3~10	10~20	20~35	≥35
K_v	(0.75, +∞)	(0.55, 0.75]	(0.35, 0.55]	(0.15, 0.35]	[0, 0.15]

3.4.2 岩体体积节理数 J_v 的测量方式

在 BQ 围岩质量评价体系中,岩体积节理数 J_v 可以换算为岩体完整性系数 K_v,从而快速评价岩体完整程度。这种间接换算的方法相较于超前地质测量弹性波法,可操作性强,效率较高。岩体体积节理数 J_v 的实测方法有多种,根据规范,其中最为典型的有直接测量法、间距法和条数法。

1)直接测量法

在三种现场实测法中,直接测量法是最准确、最难实现的一种方法,这种方法要求在临空面的相交处(相交的临空面数量大于或等于两个),逐个清点出节理面的数量。在隧道施工场景中,包含两个以上临空面的相交位置很少见,而且在 TBM 施工的隧道中,只能从隧道峒壁观测到围岩情况,即临空面数量最多只有一个,因此直接测量法的开展难度很大。

2)间距法

间距法通过测量区域内每一个结构面组的平均间距,再利用结构面组的平均间距计算单位体积岩体节理数 J_v。这种计算方法的实现不受岩体临空面的限制,因节理被隐藏而导致的统计结果误差较小,因此该方法是规范的推荐方法。间距法计算体积节理数 J_v 见式(3-43)。

$$J_v = S_1 + S_2 + \cdots + S_n + S_k \tag{3-43}$$

式中:S_n——第 n 组结构面组在单位测线方向上的节理数量;

S_k——单位岩体体积内随机节理的数量。

利用间距法测量 J_v 应当满足下列要求:

(1)以水平姿态布置测线,测线长度应大于或等于5m,可以视具体情况布置竖直测线,竖直测线的长度应大于或等于2m。

(2)应编录和测线有相交的各个结构面的迹线交点,以及对应的结构面产状信息,根据产状的分布情况,对结构面进行分组。

(3)测量与统计测线上同组结构面沿测线方向的视间距。随后应根据结构面产状信息与测线方位信息,计算该组结构面沿法线方向的真实间距,其算术平均值的倒数即为该组结构面沿法向每米长结构面的条数。

(4)对于离散节理,当其迹线长度大于1m时应进行统计,对于已经为硅质、铁质、钙质的节理不纳入统计。

3)条数法

条数法是通过统计测量窗口内的节理裂隙总数来计算岩体体积节理数J_v。条数法容易受节理被遮挡、节理倾角及走向等的干扰,故根据条数法计算的岩体体积节理数J_v常需要乘以经验性的修正系数,修正系数L通常取1.4~1.7。在条数法中,需布置多个测量窗口,用测量窗口的统计结果的平均值获得最终结果,计算方法见式(3-44)。

$$J_v = \frac{\sum_{i=1}^{N} n_i}{N} L \tag{3-44}$$

式中:n_i——在第i个测量窗口中的节理裂隙总数量;

L——经验修正系数;

N——测量窗口的总个数,该方法要求N应至少大于或等于10。

综上所述,直接测量法在矿山法、TBM法中都受围岩临空面的数量所限,无法有效开展;条数法受节理被遮挡、节理倾角及走向的影响较大,结果误差较高,还需要乘以经验修正系数L进行结果修正,并布置多个测量窗口多次进行测量。

因此,在前文节理裂隙识别视觉结果的基础上,基于计算机视觉技术实现间距法的自动测量,进而推算得到隧道岩体稳定性级别,具有更高的技术可行性。

3.5 基于计算机视觉方法的隧道围岩稳定性分级

3.5.1 隧道围岩稳定性分级技术路线

1)指标评估

在确定围岩稳定性分级技术路线前,首先判断哪些分级指标可以通过开挖面三维图像计算获得。即需要考虑引入开挖面三维图像后,能够为哪些分级指标的预测带来更高的信息增益。经过综合分析,隧道掌子面围岩参数根据信息增益的大小被由高到低分为三个组别,见表3-7。

分级指标评估 表3-7

围岩分级影响因素	参数	分组
岩石坚硬程度	岩石坚硬程度(定性)	乙
	岩石风化程度(定性)	乙
	岩石单轴饱和抗压强度 R_c	乙
岩体完整程度	每组节理单位长度测线上的条数 S_1、S_2、S_3…	甲
	每立方米岩体非成组节理条数 S_0	甲
	岩体节理发育程度(定性)	甲
地下水	地下工程围岩裂隙水压 p	丙
	每10m洞长出水量 Q	丙
结构面产状	结构面走向与洞轴线夹角 α	甲
	结构面倾角 θ	甲
初始应力状态	垂直洞轴线方向的最大初始应力 σ_{max}	丙

从表3-7可知,甲组参数包括岩体完整程度相关参数、结构面产状相关参数,可以通过结构面自动识别这一前置环节完成;乙组为岩石坚硬程度相关指标,有望通过深度卷积神经网络(DCNN)完成识别,但不作为本书的研究内容;丙组参数为经过评估,不适合用三维数字图像处理、计算机视觉或深度学习技术从图像中识别的参数。

2) 围岩稳定性分级技术路线

根据表3-7提供的参数评估结果,可设计如图3-15所示的围岩稳定性分级技术路线。

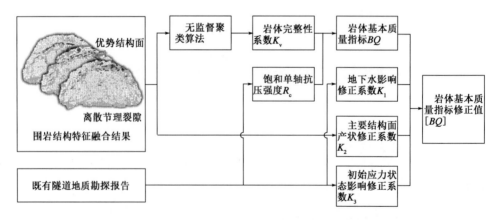

图3-15 基于计算机视觉方法的隧道围岩稳定性分级技术路线

第一步,在围岩结构特征融合结果的基础上,计算主要结构面产状修正系数 K_2,本小节后续将介绍其计算细节,同时基于无监督聚类学习算法计算得到岩体完整性系数 K_v,见3.3.2小节。

第二步,对于岩石饱和单轴抗压强度 R_c、地下水影响修正系数 K_1、初始应力状态影响修正系数 K_3,取自虎溪台隧道的既有地质勘探报告,在数值缺失的一部分里程内,使用线性插值法的结果进行代替。

第三步,分别参考式(3-43)与式(3-41),完成岩体基本质量指标 BQ、岩体基本质量指标修正值 $[BQ]$ 的计算,最终输出围岩稳定性级别,并与地质勘探报告结果进行比对。

3) 主要结构面产状修正系数 K_2 计算过程

以下首先介绍主要结构面产状修正系数 K_2 的计算过程。如图3-16所示为结构面与隧道位置关系示意图,首先计算结构面走向与洞轴线的夹角 α、结构面倾角 θ。所获得的该开挖面的主要结构面法向量 j_{main} 为:

$$j_{main} = (j_x, j_y, j_z)^T \tag{3-45}$$

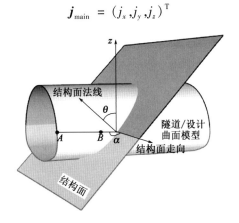

图3-16 结构面与隧道位置关系示意图

在对该法向量进行标准化处理之后,则该开挖面的主要结构面走向向量 v_{main} 可以表示为:

$$v_{main} = (j_y, -j_x, 0)^T \tag{3-46}$$

这样,主要结构面走向向量 v_{main} 与洞轴线向量 w 的夹角 α 可以表示为:

$$\alpha = \langle v_{main}, w \rangle \tag{3-47}$$

同时,对于结构面倾角 θ,按照式(3-48)计算:

$$\theta = \arctan\left(\frac{j_z}{\sqrt{1-j_z^2}}\right) \tag{3-48}$$

在获得结构面走向与洞轴线夹角 α、结构面倾角 θ 之后,即可参考表3-3对应得到主要结构面产状修正系数 K_2。

3.5.2 基于无监督聚类算法计算岩体完整性系数 K_v

基于前文已获得的围岩结构特征融合结果,可以设计无监督聚类学习算法进一步换算得到该开挖面的岩体体积节理数 J_v,具体方法为:

第一步,针对某开挖面图像,遍历该图像中的各优势结构面组[即聚类簇 c,其定义见式(3-38)]。

对该簇 c 中所包含的所有超像素 s 执行 Meanshift 无监督聚类算法,对于该簇 c 内的任意两个超像素 s_a、s_b,其距离度量函数 dist 为两者中心点连线所构成的法向量点乘该优势结构面组平均法向量,并求绝对值,见式(3-49)。

$$dist(s_a, s_b) = |\overrightarrow{o_a o_b} \cdot j| \tag{3-49}$$

式中:s_a、s_b——超像素,且有 $s_a, s_b \in c$;

o_a、o_b——超像素块 s_a、s_b 各自的几何中心点坐标;

j——该优势结构面组的平均法向量。

聚类结果见图 3-17。

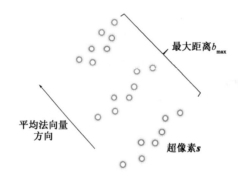

图 3-17 结构面组 Meanshift 聚类结果与平均间距计算示意

第二步,对聚类结果进行后处理,可得到聚类簇的总数 N;并统计各个聚类簇的簇间距离度量函数值 b,构成集合 B,用于下一步计算。

第三步,计算每组优势结构面组的平均间距 d,计算公式见式(3-50),计算原理见图 3-17。

$$d = \frac{b_{max}}{N - 1} \tag{3-50}$$

式中:b_{max}——集合 B 中的最大值;

N——该优势结构面组的 Meanshift 聚类簇总数。

这样,第 i 组结构面组沿法向量方向的每米结构面条数 S_i 可以由式(3-51)进行计算:

$$S_i = \frac{1}{d_i} \tag{3-51}$$

第四步,计算非成组节理系数 S_0,见式(3-52)。

$$S_0 = \frac{n}{V} \tag{3-52}$$

式中:n——该开挖面的结构面提取结果中,未被聚类为中型优势结构面组的其余小型离散节理裂隙的总数,如图 3-18 所示;

V——该开挖面三维 Mesh 图像的体积。

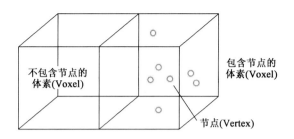

图 3-18 体积 V 的计算方法

在试验中,将三维 Mesh 图像以 0.3m 为间隔进行体素(Voxel)划分,当有节点(Vertex)落入该体素时,对体素进行标记,最后计算所有带标记的体素的总体积,作为体积 V,如图 3-18 所示。

第五步,将上述数据换算为岩体体积节理数 J_v,见式(3-53)。

$$J_v = \sum_{i=1}^{n} S_i + S_0 \quad (i = 1, \cdots, n) \tag{3-53}$$

式中:J_v——岩体体积节理数;

n——统计区域内优势结构面组数,$n = 3$;

S_i——第 i 组结构面沿法向量方向的每米结构面条数,见式(3-51);

S_0——每立方米岩体非成组节理条数,见式(3-52)。

第4章 基于全景影像的隧道超欠挖检测分析技术

隧道施工受不良地质条件的影响,施工时节理裂隙密集处经常发生掉块,软弱夹层处出现层状剥离,导致超挖量远超出设计规范允许数量,喷射混凝土以及出渣运输数量均超出设计值。隧道超(欠)挖指实际开挖断面大于(小于)设计开挖断面的部分,隧道开挖不得超过允许超挖值,同时要严格控制欠挖值。超欠挖不仅影响隧道施工的安全性和围岩的稳定性,而且直接影响工程建设的质量和成本。超欠挖的准确检测可反映隧道开挖爆破控制的质量,也可为增加的开挖及支护等成本测算提供依据。

为真实反映现场实际情况,依据实事求是的建设管理原则,结合施工技术指南的相关规定和施工承包合同中相关条款的约定,对隧道特殊工程地质增加开挖及喷射混凝土数量测算对于控制隧道施工造价具有重要意义。增加的开挖量及喷射混凝土数量测算以超挖测算值来呈现。一般以设计的隧道开挖轮廓线为基准,实际开挖断面在基准线以外的部分称为超挖。隧道超挖横断面积(简称超挖面积)是实际开挖断面在设计轮廓线以外部分的面积。

一般而言,数字图像三维模型承载的信息量远比二维图像信息量大,且可视化表达符合思维习惯。而采用计算机视觉多视几何三维重建技术的主要理论和算法可实现对二维图像的三维重建。为此,本章提出了基于图像三维重建的隧道超欠挖检测方法,该检测方法主要由图像采集、三维点云重建、点云数据预处理、三维曲面重建以及隧道超欠挖检测应用五个部分组成(图4-1)。

基于图像三维重建的隧道超欠挖检测方法解决了传统监测方法中单点测量、变形监测点稀疏、可视化效果差、难以发现无检测点区域变形等不足,可以实现隧道初期支护三维整体超欠挖监测分析和二维拱顶沉降、周边收敛、典型截面全断面变形监测分析。该方法能够全面、直观地获取隧道变形特征,对传统监测方法进行了补充和完善,对隧道施工监测具有指导意义。

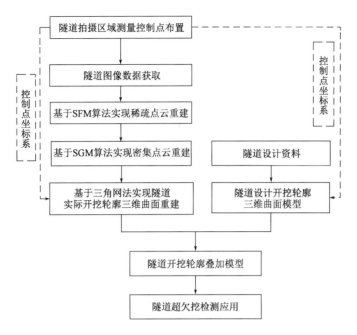

图 4-1 基于三维图像点云的隧道超欠挖检测方法流程图

4.1 隧道开挖轮廓图像采集

隧道图像采集质量是后期处理的关键,也是获得良好三维图像点云效果的基础。采用的设备主要有普通单反相机、外置闪光灯、控制点标定板。具体步骤如下:

(1)拍摄区域标定板布置:标定板应具有高对比度、可清楚识别中心位置的特点,一般布设 3~5 个为宜。

(2)相机参数调节:受隧道内光线暗、灰尘大、施工作业等影响,图像采集有别于室外正常拍摄。经现场反复试验,采用表 4-1 中相机参数,图像拍摄质量较高。

隧道图像采集相机参数　　　　表 4-1

拍摄模式	光圈	快门	焦距	感光度	闪光模式
手动模式	F7.1	1/15	最短焦距	400~800	外置闪光灯

(3)图像拍摄原则:图像完全覆盖拍摄物体表面;相邻图像具有足够的重叠(图 4-2),重叠度应大于 50%;相机与隧道表面垂直拍摄。

(4)图像拍摄方法:以隧道中心轴线作为拍摄基线,按照先环向后纵向进行拍摄。拍摄过程中,纵向移动间距在 1.5~2.0m 之间,环向在 180°范围内建议拍摄 18 张图像,每 10°拍摄一张。

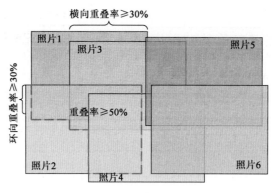

图 4-2　图像重叠要求示意图

4.2　图像点云三维重建

三维模型承载的信息量远比二维图像信息量大,且可视化表达符合人类的思维习惯。采用计算视觉中图像点云三维重建中主要理论和算法可实现对二维图像的三维重建。运动恢复结构(Structure from Motion, SFM)算法可实现三维点云稀疏重建,半全局匹配(Semi-Global Matching, SGM)算法可对有重叠的影像进行密集匹配,实现密集点云重建。

SFM 算法是一种单目视觉三维重建方法,利用"立体摄影测量(Stereoscopic photogrammetry)"基本原理,从运动相机拍摄的多幅重叠的隧道二维照片中估计相机的运动情况并重建出场景的三维空间信息(图 2-5)。首先由尺度不变特征变换 SIFT 算法来提取匹配图像上的特征点,再通过迭代光束平差过程(Iteratve Bundle Adjustment Procedure)自动求解相机方位和场景几何形态等信息,完成隧道开挖轮廓稀疏点云重建。

与传统测量方法不同,采用 SFM 算法仅能恢复出场景与拍摄相机的相对位置,缺乏尺度和方位信息,生成的三维点云数据只具有图像空间坐标系。因此,必须将其转变到现实世界的空间坐标系中。以拍摄区域标定板作为控制点,用全站仪辅助量测,获得标定板中心现实世界空间坐标,根据空间相似变换原理,建立控制点现实世界空间坐标与图像空间坐标的变换矩阵,实现 SFM 点云缩放、平移和旋转等空间几何变换,将 SFM 点云模型纳入现实世界空间坐标系,从而得到具有绝对坐标系和尺寸的实景点云模型。

在进行稀疏点云重建之后,采用 SGM 算法对重叠影像进行密集匹配,形成图像密集匹配点云,用于可视化显示隧道超欠挖情况和曲面模型重建。

SGM 是一种计算机视觉领域的影像匹配算法,主要包括匹配代价计算、匹配代价聚合、视差计算、一致性检查 4 个环节。其秉承全局匹配算法的优点,基于互信息执行逐像素代价计算,通过多个方向的一维 DP 近似二维的全局能量函数,可简化计算的复杂程度,有效避免纹理重复区域的错误匹配,对噪声不敏感,在不连续处也有稳定的处理,能够有效提高计算效率。针对隧道开挖轮廓图像纹理复杂、噪声干扰大的特点,SGM 算法能够有效地逐个像素进行密集匹配,可得到十分密集的点云,点云精度高。

4.3 点云数据预处理

图像点云三维重建后,可以获取到隧道开挖轮廓三维点云图像。然而,由于采集重叠率、现场复杂环境以及施工条件等影响,点云数据中存有大量无关冗余信息。这些冗余信息会严重影响后续分析精度和效率,因此在进行后续分析前,应消除这些无关信息带来的影响。

可采用 Radius Outlier Removal 滤波器删除孤点,即删除在输入的点云一定范围内没有至少达到足够多近邻的所有数据点。在点云数据中,指定每个的点一定范围内周围至少要有足够多的近邻。如图 2-9 所示,如果指定至少要有 1 个邻居,只有三角形的点会被删除,如果指定至少要有 2 个邻居,星形和三角形的点都将被删除。

施工机械、堆积物等一般在地面,可采用地形过滤的方法保留最低点,将其剔除;电线、超前支护一般离洞壁一定距离,可通过筛选洞壁轮廓点云,删除距离轮廓点云一定阈值的点云算法,将电线、超前支护等剔除。

4.4 基于图像点云数据的三维曲面重建

4.4.1 隧道开挖轮廓曲面三维重建

对三维图像点云进行曲面重构(曲面建模)是隧道超欠挖检测及整体超欠挖评价的基础,也是逆向工程的重要环节,通过建模可将离散的点云数据构建出连续三维曲面。目前常用的曲面模型构建方法主要分为三角域网格曲面重建和四边域网格曲面重建。三角域网格曲面重建通过构建大量三角面片对待建曲面进行线性逼近,该方法具有曲面构建灵活性好、适应性强的特点,可面向散乱不规则数据点的曲面重建,适合工程分析中不规则点云数据的三维重建。而四边域网格曲面重建适合于分布规则有序的点云曲面建模,尤其是较光滑物体表面点云数据的三维重建。

采用传统矿山法施工工艺开挖的隧道,开挖轮廓凹凸不平,获取的三维图像点云杂乱无章,因而,采用 Delaunay 三角剖分算法(图 4-3)对隧道开挖轮廓进行曲面重建。

具体步骤:采用 Delaunay 三角剖分算法完成曲面数据的三角化,用平面域内的 Delaunay

三角剖分初步获取散乱数据的拓扑关系,先对每个采样点搜索邻近点,基于最大化最小角原则连接邻近点成三角面片,形成初始三角网,在此基础上加入其他离散点生成三角网格,实现对点云的三角化模型重建。

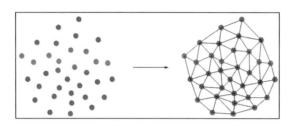

图 4-3　点云的 Delaunay 三角剖分示意图

4.4.2　隧道设计轮廓曲面三维重建

为完成隧道超欠挖评价,需要将隧道实际开挖轮廓与设计开挖轮廓进行比较分析。可根据隧道设计资料,建立现实世界空间坐标系下隧道设计开挖轮廓模型。具体步骤如下:

(1)结合隧道设计图纸,选取开挖位置隧道设计开挖轮廓线作为流线,采用 AutoCAD 的 DIV 命令将设计开挖轮廓线打成等分点(建议取值 500~1000),并提取开挖轮廓线上点坐标作为流点。

(2)将隧道设计中心轴线作为迹线,采用 AutoCAD 的 DIV 命令将迹线打成等分点(建议步长为 1mm),并提取等分点坐标作为迹点。

(3)将流线(点)沿迹线(点)方向拉伸形成真实坐标系下隧道设计开挖轮廓三维点云(图 4-4)。

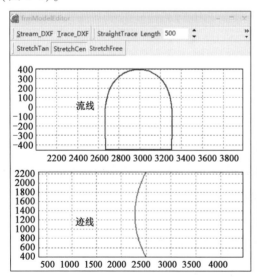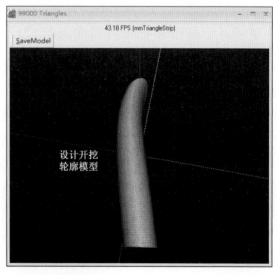

图 4-4　隧道设计开挖轮廓模型重建

(4)对隧道设计开挖轮廓三维点云进行曲面重建,可获得现实世界空间坐标系下隧道设计开挖轮廓曲面模型。

4.5 隧道超欠挖检测

以设计的隧道开挖轮廓线为基准,实际开挖的断面在基准线以外的部分称为超挖,在基准线以内的部分称为欠挖,隧道严格控制欠挖。隧道超(欠)挖值是超(欠)挖位置至设计开挖轮廓切线的垂直距离;隧道超(欠)挖横断面积[简称超(欠)挖面积]是实际开挖断面在设计轮廓线以外(内)部分的面积;隧道超(欠)挖量是开挖进尺范围内超(欠)挖的体积量。可根据超欠挖值、超欠挖面积、超欠挖量以及开挖轮廓整体超欠挖对隧道超欠挖进行检测和评价。

将隧道实际开挖轮廓三维重建模型与设计轮廓三维重建模型放在现实世界空间坐标系中,组成叠加模型,实现隧道超欠挖检测。

4.5.1 超欠挖值

截取指定里程叠加模型截面,获得隧道实际开挖轮廓线和设计开挖轮廓线,点选轮廓线上任意点并获得点坐标,根据两点之间的距离可计算超欠挖值。

4.5.2 超欠挖面积

截取指定里程叠加模型截面,获得实际开挖截面与设计开挖截面,将实际开挖截面与设计开挖截面进行布尔减法运算,可计算隧道超欠挖面积。

4.5.3 超欠挖量

截取指定进尺范围叠加模型,获得实际开挖轮廓与设计开挖轮廓,将实际开挖轮廓与设计开挖轮廓进行布尔减法运算,可计算隧道超欠挖量。

4.5.4 整体超欠挖评价

隧道超欠挖值、超欠挖面积以及超欠挖量检测,是从局部定量角度对隧道超欠挖评价,为可视化隧道爆破质量,可对隧道进行整体超欠挖评价。具体方法如下:

(1)以设计开挖轮廓为参考平面,设参考平面方程为 $p(x,y,z)=ax+by+cz+d=0$,计算实际开挖轮廓上每个空间点 $(x_i,y_i,z_i)(i=0,1,\cdots,n)$ 到参考平面的距离:

$$D = \frac{|ax_i + by_i + cz_i + d|}{\sqrt{a^2 + b^2 + c^2}}$$

(2)由点到平面的距离公式计算每个点到参考平面的距离,找到最大距离和最小距离,可计算出实际开挖轮廓与设计开挖轮廓偏差范围。

(3)将偏差范围内数据均分成若干个颜色段,可生成隧道开挖轮廓超欠挖值彩色云图(颜色谱)。从云图上可直观地得到隧道不同位置的超欠挖情况(例如,负值表示超挖值,正值表示欠挖值),从而实现对隧道整体超欠挖的评价。

第5章 基于全景影像的隧道支护结构变形监测技术

基于计算机视觉三维重建获取海量的隧道初期支护表面点云数据,这些点云数据以高密度的点云形式表征隧道初期支护表面的三维形态。在变形监测中,可在统一空间坐标系下,对多期点云进行比较分析,实现隧道三维整体变形分析。通常以第一期点云为参考点云,其他期点云为比较点云,通过计算比较点云到参考点云的距离,实现变形分析。目前主要采用基于八叉树结构 Hausdorff 距离的整体模型点云空间测距方法、基于最小二乘拟合平面的局部模型点云空间测距方法实现点云之间的直接比较。但以上两种方法各自存在一定的局限性,为此在以上方法基础上提出改进方法,并对不同方法进行测试及对计算结果进行比较分析。

5.1 基于八叉树结构 Hausdorff 距离的整体模型点云空间测距方法

对于高密度的点云数据,计算两期点云之间的距离采用的方法是计算比较点云的每个点到参考点云的最近邻距离,用最近邻距离近似实际距离(图 5-1)。考虑到点云数据数量级通常达到百万级,数据在存储与计算效率上往往难以满足应用要求,可采用八叉树结构来提高邻域点云搜索速率和内存使用率,通过在八叉树结构单元内搜索最近邻点快速完成比较点云与参考点云的直接比较。

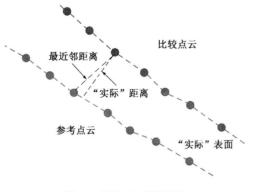

图 5-1 两点云之间的距离

5.1.1 八叉树结构

八叉树是一种用于描述三维空间的树状数据结构,最常用来划分三维空间。八叉树细分是将包含点云的正方体边框分成 8 个等价的子立方体,每个子立方体重复此递归划分过程(图 5-2),直到达到设置的八叉树深度。

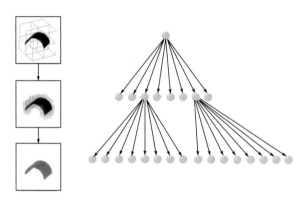

图 5-2 基于八叉树的递归细分

八叉树结构是一个数据列表形式,其编码了所有细分级别的点的绝对位置,适合用于空间索引。在给定细分级别上位于同一单元内的两个点具有相同(部分)关联代码,且代码由 3 位(0~7)集合组成(图 5-3),代表在每个细分级别单元格上的相对位置。允许快速的二进制搜索和点云空间扫描的方式对代码进行排序,使得八叉树结构编码效率更高,可实现快速搜索一个编码或一集合内的所有点。

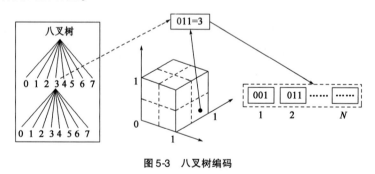

图 5-3 八叉树编码

5.1.2 基于 Hausdorff 距离算法的点云空间测距

1) Hausdorff 距离算法

豪斯多夫距离用来度量一个空间中两个子集之间的距离。设 X 和 Y 是一个度量空间(M, d)的两个非空子集,N 和 N' 分别为 X 和 Y 的点云个数。其中,X 为比较点云、Y 为参考点云。Hausdorff 距离是指 X 点集中的每个点 x 到 Y 点集中的每个点 y 的最近距离(图 5-4),公式如下:

$$d(x,Y) = \min_{y \in Y} \| x - y \|_2 \tag{5-1}$$

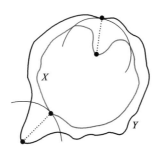

图 5-4　计算 X 线与 Y 线之间 Hausdorff 距离的分量

基于 Hausdorff 距离的点云空间测距算法不考虑任何隐式或显示的表面而直接对点进行比较，其结果更精确。但其计算速度取决于点云密度和八叉树细分层级，因为每一个点 p 的最近邻点在同源单元内或者邻近单元体内，为找到真正的最近邻点，必须计算出同源单元内及其邻近单元内的所有点的距离，直到最小距离小于设置的这个点 p 的最大的球体半径或完全在该点附近。在不同八叉树细分级别下的计算不会影响计算结果，只会影响计算速度。

2) Hausdorff 距离计算的局限

基于 Hausdorff 距离的点云空间测距方法，如果参考点云密度足够大，那么近似比较点云到参考点云表示的距离是可以接受的。但是如果参考云密度不够，最近邻距离有时就不够精确。该方法存在以下几点局限：其对图像点云数据的密度非常敏感；计算速度受八叉树细分层级和点云空间分布的影响；比较点云到参考点云的距离是最近邻距离，但最近邻不一定是由点云表示的表面上最近的点。如果参考云密度低或有大洞，这一点尤其明显。

5.2　基于最小二乘拟合平面的局部模型点云空间测距方法

为解决 Hausdorff 距离算法对点云数据密度敏感的问题，可采用对局部表面进行建模的方法获得比较点云与参考点云真实距离的更好的近似值。其思想是通过在参考点云"最近的"点及其几个相邻点上拟合数学模型，对参考点云表面局部建模，比较点云的每个点到参考点云中最近点的距离用该点到局部模型的距离来代替（图 5-5）。其在最近的点附近计算一个局部模型，以便接近真实的表面和更好地估计"真实"距离，在统计学上更精确，可更少依赖点云采样密度。

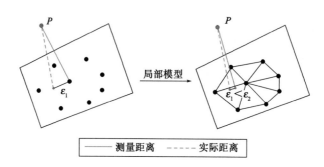

图 5-5 最近邻距离与基于局部模型点云距离

目前主要有 3 种局部模型,均基于经过参考点云中每个"最近点"及其邻域(通过设置固定数量的邻域或者通过提供一个球形邻域的半径)的最小二乘最佳拟合平面:

(1)最小二乘平面:直接用这个平面计算距离。

(2)2D1/2 三角剖分:使用平面上点的投影计算 Delaunay 三角剖分(使用原始点作为网格的顶点,从而得到 2.5D 网格)。

(3)二次函数:建立 1 个有 6 个参数的二次函数模型,通过使用法线平面为 Z 选择正确的维度。

应根据表面的平滑度来选取局部模型。最小二乘拟合平面适合表示参考点云非常嘈杂的模型,模型对噪声的鲁棒性更强;Delaunay 三角剖分适合表示尖锐边缘的模型;二次函数适合表示光滑/弯曲表面的模型,在具体应用上可根据实际情况选取对应局部模型。通常使用最密集的点云作为"参考"。

在基于最小二乘拟合平面的局部模型点云空间测距方法中,比较点云与参考点云的多个点共享相同的局部模型,并不是为每个点计算新的模型,这样计算的过程要快得多,但噪声也相对较大。

5.3 基于整体模型与局部模型相结合的点云空间测距算法

由于局部近似,可能发生建模偏差。计算出的距离在统计上要精确得多,但是局部的一些距离值可能比整体模型最近邻距离差。这意味着在分析中不要考虑单个点的距离,最好是考虑局部趋势。为解决这一问题,结合整体模型和局部模型各自的特点,为每个点保留最近邻距离及该点到局部模型距离之间的最小值,这种方法称为基于整体模型与局部模型相结合的点云空间测距算法。这样,就不会计算出比整体模型最近邻距离更大的距离[式(5-2)]。

$$\begin{cases} 如果\ \varepsilon_1 \leqslant \varepsilon_2 & D = \varepsilon_1 \\ 否则 & D = \varepsilon_2 \end{cases} \tag{5-2}$$

式中：ε_1——最近邻距离；

ε_2——点到局部模型的距离；

D——计算输出距离值。

5.4 不同空间测距方法测试对比

为比较不同空间测距方法计算结果的差异性，选取隧道初期支护段进行变形监测，得到两期图像数据，并完成稀疏点云重建和密集点云重建，获取稀疏点云数据和密集点云数据，对不同空间测距方法进行对比测试。图5-6为不同密度下基于八叉树结构Hausdorff距离的整体模型点云空间测距结果。

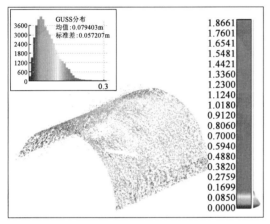 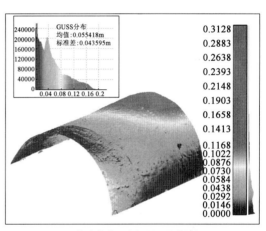

a)两期稀疏点云空间测距计算结果　　　　　　b)两期密集点云空间测距计算结果

图5-6　基于整体模型空间测距方法的不同密度点云比较结果（单位：m）

不同密度下两期点云空间测距结果显示，稀疏点云空间测距结果均值为79.403mm，密集点云空间测距结果均值为55.418mm，两者差别较大，基于八叉树结构Hausdorff距离的整体模型点云空间测距方法对点云数据密度非常敏感，其不适用于稀疏点云直接比较。

进而采用局部模型稀疏点云空间测距方法对两期稀疏点云进行比较（图5-7）。图5-7数据显示，基于最小二乘拟合平面的局部模型点云空间测距方法计算结果为57.050mm，与图5-6b)计算结果相近，明显改善了基于Hausdorff距离整体空间测距方法对点云密度敏感的问题。

基于改进方法对不同密度下的两期点云进行空间测距，如图5-6所示。图5-6数据显示，基于整体模型与最小二乘平面相结合的点云空间测距算法，稀疏点云计算结果为56.856mm，密集点云计算结果为55.281mm；基于整体模型与2D1/2三角剖分相结合的点云空间测距算法，稀疏点云计算结果为61.294mm，密集点云计算结果为55.338mm；基于整体模型与二次函数相结合的点云空间测距算法，稀疏点云计算结果为66.647mm，密集点云计算结果为

55.366mm。图5-6所示计算结果均小于图5-7所示计算结果,基于整体模型与局部模型相结合的点云空间测距算法明显改善了整体模型对点云密度敏感的问题,其中基于整体模型与最小二乘平面相结合的点云空间测距方法在稀疏点云直接比较中效果最佳;对于密集点云直接比较,基于整体模型与局部模型相结合的点云空间测距算法与整体模型计算结果非常接近,优化效果不明显。在实际应用中对于稀疏点云之间的直接比较,建议采用整体模型与局部模型相结合的点云空间测距算法;对于密集点云之间的直接比较,建议采用整体模型点云空间测距方法或者整体模型与局部模型相结合的点云空间测距算法。

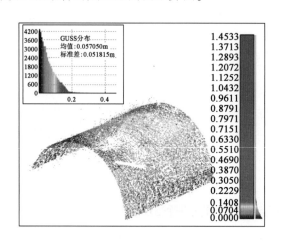

图5-7　基于局部模型空间测距方法稀疏点云计算结果(单位:m)

5.5　隧道三维整体变形分析方法

基于图像三维重建技术获取了海量的施工隧道初期支护表面点云数据,这些点云数据以高密度的点云形式或者三维曲面形式表征施工隧道初期支护表面的三维形态。在变形监测中,可在统一空间坐标系下,对多期点云进行比较分析,实现隧道三维整体变形分析。但是对于获取的每个三维点而言都是随机分布的,并不能对隧道表面指定位置点进行坐标获取(标定板中心位置除外)。下面主要从多期点云直接比较分析法、多期曲面模型比较分析法、多期模型体积比较分析法以及多期模型质心比较分析法4个方面对施工隧道整体变形进行分析。

5.5.1　基于多期图像三维重建点云直接比较分析

基于多期图像三维重建点云直接比较分析方法,即计算两期点云之间的距离,来实现施工隧道初期支护变形监测。设第一期点云为参考点云,第二期点云为比较点云,计算两期点云之间距离采用的方法是计算比较点云的每个点到参考点云的最近邻距离,如图5-1所示。

如果参考点云密度足够大,将最近邻距离作为比较点云到参考点云的距离是可以接受的。但如果参考点云密度不足,采用最近邻距离来计算有时会不够精确。考虑到基于图像三维重建获取的密集点云密度足够,采用最近邻距离作为比较点云到参考点云的距离可满足精度要求。

有两种点云距离计算模型,一种是基于全局模型,另一种是局部模型。如果点云稠密,可直接计算比较点云到全局模型的距离,精确性更高,即基于全局模型计算点云距离。问题是,最近邻不一定(实际上很少)是由点云表示的表面上最近的点,尤其是在参考点云密度低或有大洞的情况下。因此,可采用一种中间方法来获得比较点云与参考点云表面真实距离的更好的近似值,即基于局部模型计算点云距离,该方法不像全局模型那样精确,但计算起来更容易。

采用局部模型计算比较点云到参考点云的最近距离,其思想是通过在"最近的"点及其几个相邻点上拟合数学模型,对参考点云表面局部重建。比较点云的每个点到参考点云中最近点的距离用到这个模型的距离代替,这在统计学上更精确(由于建模阶段有限,在局部可能产生奇异的结果,但在全局范围内会有更好的结果)。

1) 全局模型

计算点云到点云的最近邻距离,采用的方法是豪斯多夫(Hausdorff)距离算法。在计算机图形学中使用 Hausdorff 距离来度量同一个 3D 对象的两种不同表示方法之间的差异,特别是在生成细节级别以高效显示复杂 3D 模型时。具体计算方法见 5.1.2 节。

2) 局部模型

局部模型是按照对局部几何的"保真度"来进行计算的。应根据表面的平滑度来选取局部模型。最小二乘拟合平面适合表示参考点云非常嘈杂的模型(模型对噪声的鲁棒性更强),Delaunay 三角剖分适合表示尖锐边缘的模型(假设边缘上有点),而二次函数适合表示光滑/弯曲表面的模型,在具体应用上可根据实际情况选取对应局部模型。

由于局部近似,可能发生建模偏差。计算出的距离在统计上要精确得多,但是局部的一些距离值可能比最近邻距离差。这意味着在分析中不要考虑单个点的距离,最好是考虑局部趋势(最近邻计算同理)。为解决这一问题,结合整体模型和局部模型各自特点,为每个点保留最近邻距离和到局部模型的距离之间的最小距离。这样,就不能计算出比最近邻距离更大的距离。将计算的距离字段转换成颜色梯度,可获得基于两期图像三维重建点云的直接比较分析结果。

图 5-8 为香丽高速公路海巴洛隧道进口右洞某典型上台阶施工段,分别在 2018 年 6 月 13 日、2018 年 6 月 19 日采集的两组图像,经图像三维点云重建并处理后的三维点云模型。图 5-9 为两期点云叠加模型。图 5-10 为参考点云与比较点云。图 5-11 为基于以上两期点云直接比较分析结果。图 5-12 为两期点云各点之间距离统计分析结果(包括直方图及高斯统计分布)。

a) 第一期点云(2018年6月13日)　　　　b) 第二期点云(2018年6月19日)

图 5-8　云南香丽高速公路某典型施工段两期初期支护三维点云模型

图 5-9　两期点云叠加模型

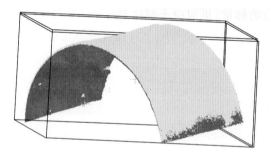

图 5-10　参考点云与比较点云

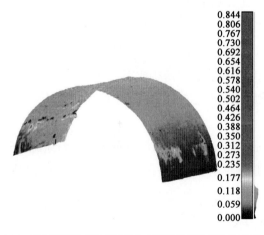

图 5-11　基于两期图像三维重建点云直接比较分析结果(单位:m)

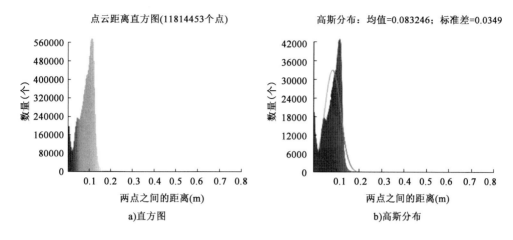

图 5-12　两期点云各点之间距离统计分析结果

根据图 5-11,隧道初期支护变形最小变形值为 0m,最大变形值为 0.844m;根据图 5-12,对点云进行直方图和高斯分布统计分析,隧道初期支护整体变形均值为 0.0832m,标准差为 0.0349m。

分割比较点云 X、Y 和 Z 分量,可在比较点云每个维度上生成 3 个与每个比较点和它最近的参考点之间距离相对应的标量(即对应于整体变形的 3 个分量),实现在 X、Y 和 Z 方向的整体变形分析。将计算的距离分量字段转换成颜色梯度,获得基于两期图像三维重建点云 X、Y 和 Z 方向的整体变形分析结果。图 5-13 为基于两期图像三维重建点云 Z 方向整体变形分析结果,即对隧道初期支护的整体沉降分析结果。图 5-14 为基于两期图像三维重建点云 Z 方向的整体变形统计分析结果。

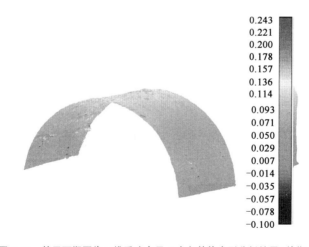

图 5-13　基于两期图像三维重建点云 Z 方向整体变形分析结果(单位:m)

根据图 5-13,隧道初期支护整体沉降最大值为 0.243m,最小值为 -0.1m。

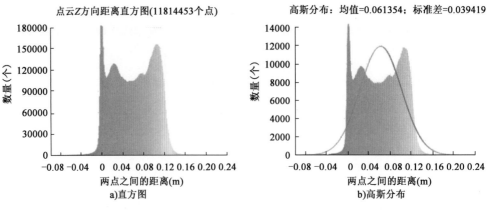

a)直方图   b)高斯分布

图5-14　点云 Z 方向整体变形统计分析结果

根据图5-14,隧道初期支护整体沉降均值为0.0614m,标准差为0.0394m。

5.5.2　基于多期图像三维重建实体网格模型的比较分析

基于多期图像三维重建实体网格模型的比较分析方法,即计算两期三维重建实体网格模型的距离。在计算时通过计算比较实体网格模型的顶点到参考实体网格模型的距离来实现两模型的比较分析。

对于比较实体网格模型的顶点,通过在参考网格中搜索最近的三角形,进而通过点到平面的距离公式计算得到比较模型到参考模型的距离。计算的距离有正负之分,可通过查看三角形的法线来确定网格的内部和外部,根据三角形的法向来确定计算距离的符号。将计算的距离分量字段转换成颜色梯度,获得基于两期图像三维重建实体网格模型比较分析结果。图5-15为处理后的两期点云实体网格模型。图5-16为基于两期图像三维重建实体网格模型变形比较分析结果。

a)第一期实体网格模型(2018年6月13日)　　b)第二期实体网格模型(2018年6月19日)

图5-15　处理后的两期点云实体网格模型

根据图5-16,隧道初期支护变形最小变形值为-0.183m,最大变形值为3.806m,最小变形值和最大变形值参考意义不大;根据图5-17,对两期图像三维重建实体网格模型变形值进行直方图和高斯分布统计分析,隧道初期支护整体变形均值为0.0852m,标准差为0.0436m。

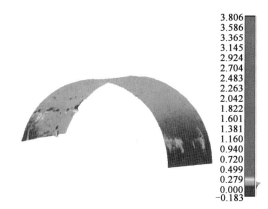

图 5-16　基于两期图像三维重建实体网格模型变形比较分析结果（单位：m）

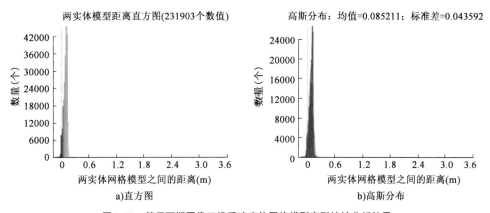

a)直方图　　　　　　　　　　　　　　　　b)高斯分布

图 5-17　基于两期图像三维重建实体网格模型变形统计分析结果

5.5.3　基于多期图像三维重建模型的体积比较分析

基于多期图像三维重建模型的体积比较分析方法,即计算两期三维重建实体网格模型的体积并比较体积变化。首先获取两期相同范围的三维重建网格表面模型,再设定参考平面,通过三维重建网格表面模型投影到参考平面来计算体积。设置位置度、旋转角度相同的参考平面,分别计算两期图像三维重建模型到参考平面的体积,如图 5-18 所示。

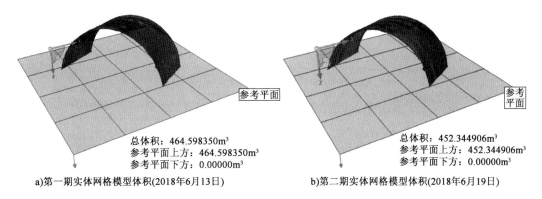

a)第一期实体网格模型体积(2018年6月13日)　　　b)第二期实体网格模型体积(2018年6月19日)

图 5-18　基于两期图像三维重建实体网格模型比较分析

根据图 5-18,参考平面上方第一期实体网格模型体积为 464.598350m³,参考平面上方第二期实体网格模型体积为 452.344906m³,变形体积为 12.253444m³。

5.5.4 基于多期图像三维重建模型的质心比较分析

基于多期图像三维重建模型的质心比较分析方法,即计算两期三维重建实体网格模型的质心的比较方法。质心(质量中心):质点系质量分布的平均位置。直角坐标系中,各分量的表达式为:

$$\begin{cases} x_c = \dfrac{\sum\limits_{i}^{n} m_i x_i}{\sum\limits_{i=1}^{n} m_i} \\[2ex] y_c = \dfrac{\sum\limits_{i}^{n} m_i y_i}{\sum\limits_{i=1}^{n} m_i} \\[2ex] z_c = \dfrac{\sum\limits_{i}^{n} m_i z_i}{\sum\limits_{i=1}^{n} m_i} \end{cases} \quad (5-3)$$

其中,x,y,z 分别为三维重建实体网格模型各三角形网格顶点坐标。计算两期三维重建实体网格模型的质心,并在质心处创建特征点,如图 5-19 所示。

a) 第一期实体网格模型质心(2018年6月13日)　　　b) 第二期实体网格模型质心(2018年6月19日)

图 5-19　两期三维重建实体网格模型的质心计算结果

根据图 5-19,第一期实体网格模型质心: $X=3017919.423042\text{m}$; $Y=519869.984498\text{m}$; $Z=2418.926311\text{m}$。第二期实体网格模型质心: $X=3017919.215938\text{m}$; $Y=519869.816663\text{m}$; $Z=2418.584604\text{m}$。其中,X 方向质心变化 0.207104m;Y 方向质心变化 0.167835m;Z 方向质心变化 0.341707m。

5.6 隧道二维变形分析方法

5.5 节从多个角度对隧道施工围岩整体变形分析方法进行了研究,为研究不同方向上的变形情况,有必要对隧道初期支护模型进行二维变形分析,得出整个施工隧道指定里程位置各方向上的变形量。

为研究隧道二维变形,首先要确定截面位置,进而研究在该截面上的二维变形情况。确定截面位置的方法有以下几种:

(1) 三点法。选取隧道初期支护表面模型上三个点,根据三点确定一平面的方法来确定截面位置。

(2) 直线法。指定一条直线,根据过该直线的平面来确定截面位置。

(3) 系统平面法。系统平面有 XY 平面、XZ 平面、YZ 平面。若选取 XY 系统平面,通过对 X 方向旋转指定角度 $x° \in (-180°, +180°)$,Y 方向旋转指定角度 $y° \in (-180°, +180°)$ 来确定截面方向,同时指定位置度 N 来确定截面位置,通过三个变量来精确获得截面方位。

本书采用系统平面法来截取指定方位初期支护表面模型,获得指定方位二维截面信息。对比不同期隧道初期支护表面同一截面位置信息,获得指定截面二维变形数据,实现隧道二维变形分析。

5.6.1 沿隧道轴线垂直方向变形分析

沿隧道轴线垂直方向变形分析,可归结为对隧道指定里程断面进行变形分析。规范中隧道现场监控量测必测项目主要有洞内外观察、周边位移、拱顶下沉以及地表下沉,同时规定隧道周边位移、拱顶下沉和地表下沉等必测项目宜布置在同一断面,其量测面间距及测点疏密应根据隧道埋深、围岩级别、断面大小、开挖方法、支护形式等确定。表 5-1 给出了周边位移和拱顶下沉两项现场监控量测规范要求。规范中位移量测的测线数见表 5-2,测线布置见图 5-20。

隧道现场监控量测必测项目　　　　表 5-1

序号	项目名称	布置	测试精度	量测间隔时间			
				1~15d	16 天~1 个月	1~3 个月	大于 3 个月
1	周边位移	每 5~50m 一个断面,每断面,2~3 个测点	0.1mm	1~2 次/d	1 次/2d	1~2 次/周	1~3 次/月
2	拱顶下沉	每 5~50m 一个断面	0.1mm	1~2 次/d	1 次/2d	1~2 次/周	1~3 次/月

位移量测的测线数   表5-2

地段 开挖方法	一般地段	特殊地段			
		洞口附近	埋深小于2b	由膨胀压力或偏压地段	选测项目量测位置
全断面开挖	一条水平测线	四条或六条	三条或六条	四条或六条	三条或六条
短台阶法	两条水平测线		四条或六条		四条或六条
多台阶法	每台阶一条水平测线	每一台阶三条	每一台阶三条	每一台阶三条	每一台阶三条

注:b为隧道开挖宽度。

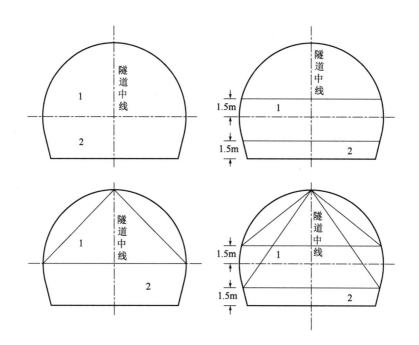

图5-20 净空变形量测和拱顶下沉量测的测线布置示例
1-起拱线;2-施工基线

根据表5-1、表5-2及图5-20,对于周边位移进行监测,传统方法是每5~50m一个断面,每断面布置2~3个测点;对于拱顶下沉监测,传统方法是每5~50m一个断面。这种方法不能对隧道全断面进行周边位移监测以及拱顶下沉监测,不能准确直观地反映指定里程断面的变形情况。而沿隧道轴线垂直方向截取基于图像三维重建的隧道初期支护模型,可获得指定里程断面的全断面变形数据,实现指定里程全断面变形分析。可每1m截取一个断面,监测密度明显优于传统方法,监测结果更加全面翔实。具体变形分析如图5-21、图5-22所示。

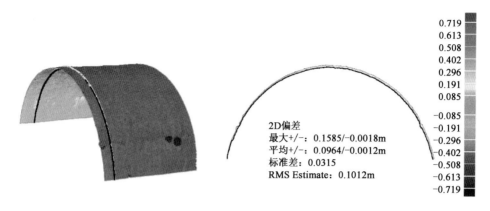

图 5-21　隧道轴线垂直方向变形分析（截面 1）（单位：m）

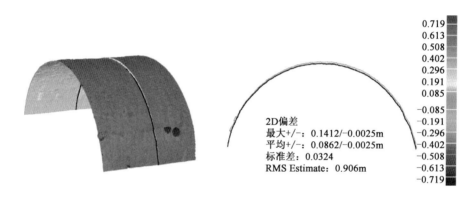

图 5-22　隧道轴线垂直方向变形分析（截面 2）（单位：m）

根据图 5-21，隧道初期支护截面 1 最大正变形为 0.1585m，最大负变形为 0.0018m；正变形均值为 0.0964m，负变形均值为 0.0012m；标准差为 0.0315m；RMS Estimate 为 0.1012m。根据图 5-22，隧道初期支护截面 2 最大正变形为 0.1412m，最大负变形为 0.0025m；正变形均值为 0.0862m，负变形均值为 0.0025m；标准差为 0.0324m；RMS Estimate 为 0.906m。

5.6.2　沿隧道轴线方向变形分析

沿隧道轴线方向变形分析，可归结为对隧道指定里程段隧道拱顶下沉（图 5-23）进行整体分析，可改善传统监测方法中每 5～50m 一个断面离散监测不全面的不足。沿隧道轴线方向截取基于图像三维重建的隧道初期支护模型，获得隧道拱顶变形值，能够实现对指定里程段拱顶下沉连续监测，对指定里程段拱顶下沉进行整体分析，如图 5-23 所示。

拱顶下沉量测的测点原则上设置在拱顶中心线上，即沿着隧道轴线方向截取拱顶一条测线（图 5-23），当洞跨较大时，亦可在拱顶设置三条测线，具体如图 5-24 所示。

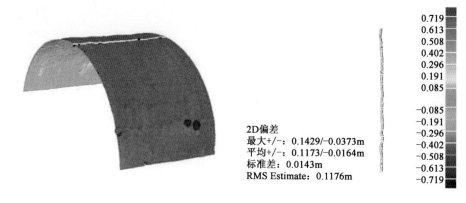

图 5-23 沿隧道轴线方向变形分析(第一条测线)(单位:m)

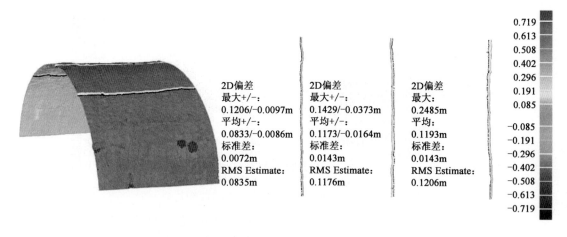

图 5-24 沿隧道轴线方向变形分析(第三条测线)(单位:m)

根据图 5-23,拱顶沉降最大正值为 0.1429m,最大负值为 0.0373m;拱顶沉降正平均值为 0.1173m,负平均值为 0.0164m;标准差为 0.0143m;RMS Estimate 为 0.1176m。根据图 5-24,第一条测线,变形最大正值为 0.1206m,最大负值为 0.0097m;拱顶沉降正平均值为 0.0833m,负平均值为 0.0086m;标准差为 0.0072m;RMS Estimate 为 0.0835m。第二条测线与图 5-23 值相同。第三条测线,变形最大正值为 0.2485m,拱顶沉降正平均值为 0.1193m,标准差为 0.0143m,RMS Estimate 为 0.1206m。

5.6.3 沿隧道水平方向变形分析

沿隧道水平方向变形分析,可归结为对隧道指定里程段隧道周边位移(收敛量测)进行整体分析。不同的施工方法测线数量及布置方式也各不相同,具体测线布置如图 5-25 所示。

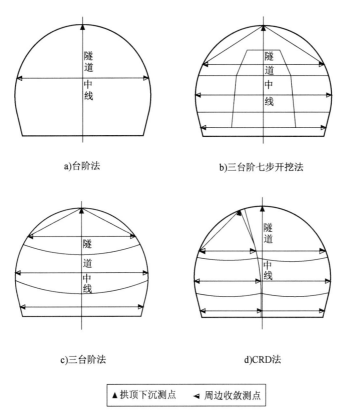

图 5-25　不同施工方法测点布置示意图

可根据隧道不同的施工方法,沿水平方向截取基于图像三维重建的隧道初期支护模型,获得隧道周边收敛数值,实现沿隧道水平方向变形分析,具体如图 5-25 所示。

根据图 5-26,隧道初期支护水平收敛最大值为 0.1334m,平均值为 0.0583m,标准差为 0.0303m,RMS Estimate 为 0.0656m。

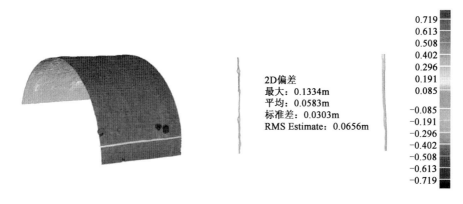

图 5-26　沿隧道水平方向变形分析(单位:m)

5.7 隧道特征点变形分析方法

基于图像三维重建获得的多期隧道初期支护三维点云无法获得共有点对。因此,可将在隧道表面布置的标定板中心作为隧道特征点,通过获取多期标定板中心坐标,并对坐标数据进行比较,从而实现特征点变形分析;亦可在隧道初期支护模型表面设置偏差半径,通过统计和拟合出指定半径区域范围内的显著特征点,并对特征点数据进行比较,从而实现特征点变形分析。

5.8 隧道变形监测精度分析

5.8.1 基于图像三维重建方法隧道变形监测误差来源分析

基于图像三维重建的隧道施工围岩变形监测精度会受到包括图像采集设备、图像采集过程、外界环境条件、标定板控制点准确度、软件处理过程等多种因素的影响。

1) 单反相机及图像采集过程对测量精度的影响

单反相机在基于图像三维重建的隧道施工围岩变形分析中起着至关重要的作用,是完成隧道初期支护表面图像采集任务的直接工具,相机的性能及质量很大程度上决定了三维重建获取的三维空间点云的质量与精度。相机对测量结果精度(误差)的影响因素主要包括以下几个方面:

(1) 数字图像分辨率

图像分辨率指图像中存储的信息量,通常叫作像素每英寸。可以理解为数字图像上一个像元所对应的地面覆盖范围,通常叫作采样间隔。

单反相机的数字图像分辨率(像素)是反映采集图像清晰度及质量的十分重要的因素,被拍摄物体的细节通过数字图像的像素点来反映,被拍摄的物体像素点越多说明记录的细节越多。被拍摄物体的细节由越多的像素点表示,说明数字图像的分辨率越高,分辨率越高三维重建的特征点云数据越多,反映被拍摄物体的细节越丰富。因此,在相同的环境条件下,提高数字图像分辨率,可提高图像三维重建点云数据的精度;若相机像素一定,可通过减小相机与拍摄物体的距离来适当提高图像质量。

(2) 相机成像系统误差

单反相机数字成像是一个复杂的光电转换过程。图像中被拍摄物体在空间位置处存在的偏差称为相机成像系统误差。其产生的原因是由多方面因素构成的。

①镜头的畸变误差。相机物镜的光学畸变,主要是指物镜像点偏离既定位置的点位误差,其主要来源包括物镜设计、加工及装配过程,是相机本身固有的缺陷。

②感光元件的排列误差。单反相机的感光元件取代了传统相机的底片,感光元件将光信号转换为电信号并进行存储,形成数字图像。因此,感光元件物理排列存在微小的误差,会对数字成像带来一定的精度影响。

③相机镜头的透视误差。在被拍摄物体通过镜头成像时,由于透视投影特性,会引起被拍摄物体尺寸的测量误差,进而影响目标物体的定位精度。

在以上三种系统误差中,相机镜头畸变对测量精度影响最大,镜头边缘位置会存在较大偏差,拍摄的数字图像在边缘处会发生枕形或桶形的畸变,该变形具有由中心向边缘逐渐变大的特点,在软件对数字图像处理过程中主要通过内方位参数对畸变进行消减。

(3)图像采集过程对测量精度的误差

图像采集过程中,相机与被拍摄物体之间的距离、垂直度均会影响测量精度;图像重叠率也是图像采集中必须要考虑的指标,重叠率是指相邻照片上包含相同区域的公共部分,通常用重叠部分占全幅图像面积的百分比来表示,充足的图像重叠率是进行图像三维重建和图像匹配的必要保证,重叠率大小会影响测量精度。

2)环境条件对测量精度的影响

通过单反相机采集的数字图像质量会受到环境条件影响,其中光线、尘埃、温度变化等因素都会对数字图像质量产生影响。而在隧道环境下采集图像有别于其他环境,隧道存在环境黑暗、灰尘大、施工机械多、堆积物杂乱、电线密集等不良因素。根据相机成像原理,若补光太强或者太弱都会对成像质量产生影响,光线阴影、逆光、强烈变化的光线对比会导致相机测光不准,曝光时间不准,从而使图像成像质量变差;灰尘及机器震颤会使拍照过程中产生较大噪声,在后期三维重建中产生较多冗余孤点,直接影响测量结果精度。

3)控制点精度对测量精度的影响

基于图像三维重建的隧道施工围岩变形监测分析,需要进行隧道表面控制点的补充测量,为重建模型系统进行定位校准及坐标系转换。因此,图像采集区域内控制点标定板的分布、数量、与拍摄位置的垂直度都会对图像三维重建的三维点云坐标精度产生影响;采用全站仪对控制点坐标辅助量测产生的误差也会累计进入重建模型系统中;控制点在数字图像中的识别精度、识别准确性及标定板控制点中心点定位精度均会引起测量误差。

4)软件处理过程对测量精度的影响

基于图像三维重建的隧道施工围岩变形监测分析分为图像三维重建过程和变形监测分析过程。处理软件算法中所采用的公式、数值解的精度以及计算过程中采用的有效位数均会对测量精度产生影响。

5.8.2 图像不同处理阶段对图像三维重建结果的影响分析

图像三维重建过程中不同处理阶段,由于解算软件处理精度及存在简化处理的影响,会引起一定的测量误差。因此,可利用同期数字图像数据,进行不同处理阶段数据的对比分析,从而获得数据处理过程中误差的传播情况。本小节考虑以下两种情况:①基于稀疏点云直接重建实体网格模型与基于密集点云重建实体网格模型的偏差分析;②基于密集点云重建实体网格模型过程中产生的偏差分析。

1) 第一种情况

若基于稀疏点云直接重建实体网格模型与基于密集点云重建实体网格模型之间的偏差较小,可省略点云密集重建这一关键步骤,大大降低后处理时间,提高变形监测效率。图 5-27 为海巴洛隧道 2018 年 6 月 13 日图像,基于稀疏点云直接重建的实体网格模型与基于密集点云重建的实体网格模型。图 5-28 为两重建实体网格模型偏差分析结果;图 5-29 为偏差统计分析结果。图 5-30 为海巴洛隧道 2018 年 6 月 19 日图像,基于稀疏点云直接重建的实体网格模型与基于密集点云重建的实体网格模型;图 5-31 为两重建实体网格模型偏差分析结果。

a) 基于稀疏点云直接重建的实体网格模型　　b) 基于密集点云直接重建的实体网格模型

图 5-27　海巴洛隧道实体网格模型(2018 年 6 月 13 日图像)

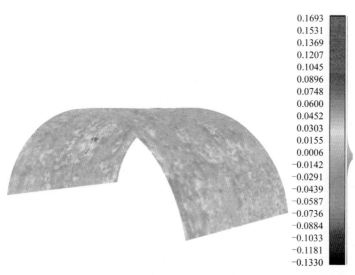

图 5-28　两重建实体网格模型偏差分析结果(2018 年 6 月 13 日图像)(单位:m)

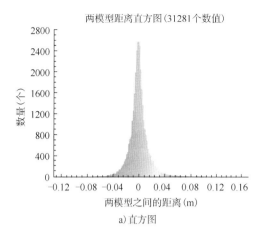
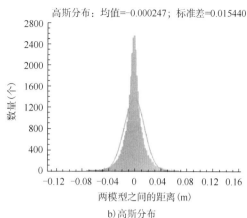

a) 直方图　　　　　　　　　　　　　b) 高斯分布

图 5-29　两重建实体网格模型偏差统计分析(2018 年 6 月 13 日图像)

a) 基于稀疏点云直接重建的实体网格模型　　　　b) 基于密集点云直接重建的实体网格模型

图 5-30　海巴洛隧道实体网格模型(2018 年 6 月 19 日图像)

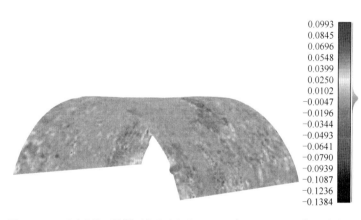

图 5-31　两重建实体网格模型偏差分析结果(2018 年 6 月 19 日图像)(单位:m)

根据图 5-27、图 5-30 三维实体网格重建结果,相较于基于密集点云重建的实体网格模型,基于稀疏点云直接重建的实体网格模型明显地丢失了纹理和颜色信息。根据图 5-28、图 5-29、图 5-31、图 5-32 两重建实体网格模型偏差及统计分析结果,2018 年 6 月 13 日图像,基于稀疏点云直接重建的实体网格模型与基于密集点云重建的实体网格模型之间偏差均值为 -0.247mm,标准差为 15.44mm,整体偏差较小、局部存在较大偏差;2018 年 6 月 19 日图像,基于稀疏点云直接重建的实体网格模型与基于密集点云重建的实体网格模型之间偏差均值为 −1.741mm，标准差为 11.846mm，整体偏差较小、局部存在较大偏差。因此，若研究隧道施工围岩整体变形，可省略密集点云重建步骤，直接基于稀疏点云完成实体网格重建，进行变形分析；但若更精细研究隧道围岩整体变形及局部变形，密集点云重建步骤不可省略，需基于密集点云完成实体网格重建，进行变形分析。

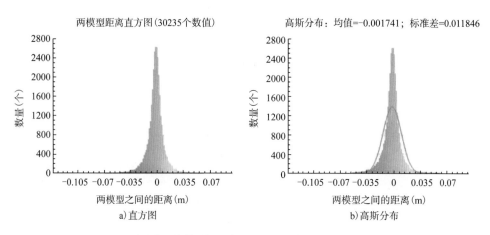

图 5-32　两重建实体网格模型偏差统计分析（2018 年 6 月 19 日图像）（单位：m）

2）第二种情况

在分析第一种情况的基础上，有必要分析基于密集点云重建实体网格模型过程中产生的偏差。图 5-33、图 5-34 为海巴洛隧道 2018 年 6 月 13 日图像，三维密集点云到三维实体网格模型处理阶段偏差及统计分析结果；图 5-35、图 5-36 为海巴洛隧道 2018 年 6 月 19 日图像，三维密集点云到三维实体网格模型处理阶段偏差及统计分析结果。

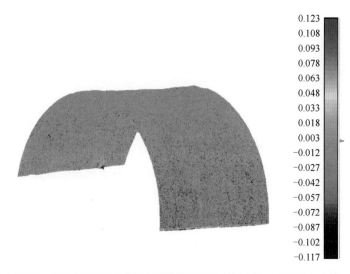

图 5-33　密集点云模型与实体网格模型偏差（2018 年 6 月 13 日图像）（单位：m）

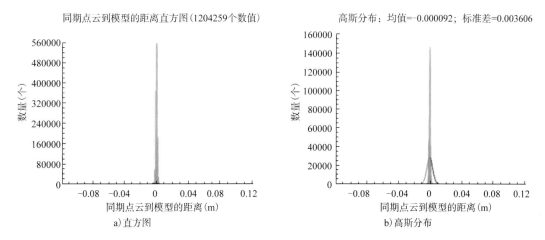

图 5-34　密集点云模型与实体网格模型偏差统计分析结果（2018 年 6 月 13 日图像）（单位：m）

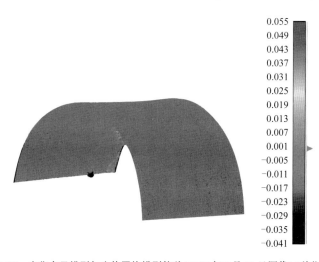

图 5-35　密集点云模型与实体网格模型偏差（2018 年 6 月 19 日图像）（单位：m）

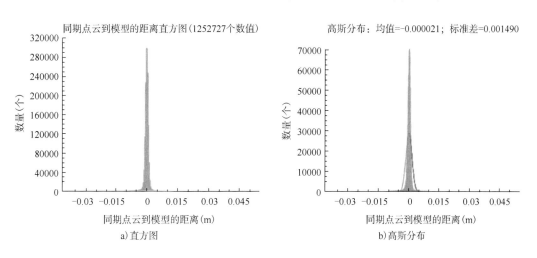

图 5-36　密集点云模型与实体网格模型偏差统计分析结果（2018 年 6 月 19 日图像）

根据图 5-33、图 5-34，以实体网格模型为参考，计算点云到实体网格距离偏差以及偏差统计分析结果，2018 年 6 月 13 日图像在三维密集点云到三维实体模型处理阶段偏差均值为 -0.000092m，标准差为 0.003606m，满足精度要求；根据图 5-35、图 5-36，以实体网格模型为参考，计算点云到实体网格距离偏差以及偏差统计分析结果，2018 年 6 月 19 日图像在三维密集点云到三维实体模型处理阶段偏差均值为 -0.000021m，标准差为 0.001490m，满足精度要求。图像不同处理阶段对图像三维重建结果影响较小，可忽略不计。

5.8.3　图像采集方法对图像三维重建结果影响分析

为研究不同图像采集方式对图像三维重建结果的影响，分别采用 2.2.2 节中单基线图像采集方法、双基线图像采集方法以及三基线图像采集方法对香丽高速公路白岩子隧道进口左洞 ZK62+035～ZK62+042 段进行图像采集并进行三维重建和预处理，结果如图 5-37 所示。以单基线图像采集方法获取的图像三维重建结果为参考，分别计算双基线图像采集方法、三基线图像采集方法获取的图像三维重建点云到单基线图像采集方法获取的图像三维重建点云的距离，获得不同图像采集方式获取的图像三维重建点云的对比分析结果，如图 5-38～图 5-41 所示。

a) 采用单基线方法获取的图像三维重建结果

b) 采用双基线方法获取的图像三维重建结果

c) 采用三基线方法获取的图像三维重建结果

图 5-37　采用三种方法获取的图像三维重建结果

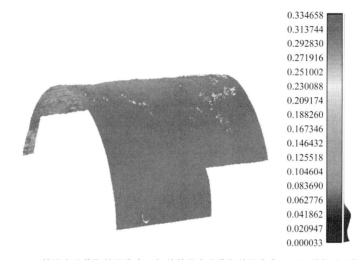

图 5-38　双基线方法获取的图像点云与单基线方法获取的图像点云之间的偏差(单位:m)

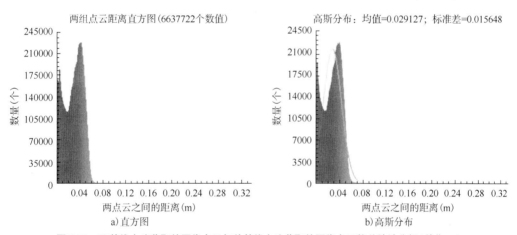

a) 直方图　　　　　　　　　　　　　　b) 高斯分布

图 5-39　双基线方法获取的图像点云与单基线方法获取的图像点云偏差统计分析(单位:m)

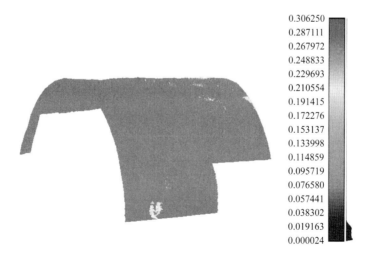

图 5-40　三基线方法获取的图像点云与单基线方法获取的图像点云之间的偏差(单位:m)

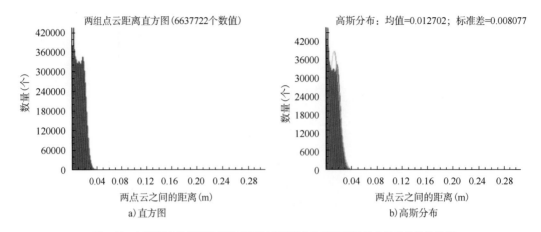

图5-41 三基线方法获取的图像点云与单基线方法获取的图像点云偏差统计分析

根据图5-38、图5-39计算分析结果,采用双基线图像采集方法获取的三维图像点云与采用单基线图像采集方法获取的三维图像点云之间的距离偏差均值为2.9127cm,标准差为1.5648cm;根据图5-40、图5-41计算分析结果,采用三基线图像采集方法获取的三维图像点云与采用单基线图像采集方法获取的三维图像点云之间的距离偏差均值为1.2702cm,标准差为0.8077cm。可见,采用不同的图像采集方法获取的三维重建点云数据存在一定的偏差。因此,在图像采集中应保持相机镜头正对隧道衬砌结构表面拍摄图像,保证图像重叠度足够覆盖整个隧道衬砌结构表面。根据对比分析结果,在图像采集中建议采用单基线图像采集方法和三基线图像采集方法,不建议采用双基线图像采集方法。

5.8.4 同一区域同时采集的两组图像三维重建点云差异性分析

为研究在同一区域同时采集的两组图像三维重建结果的差异性,在香丽高速公路白岩子隧道进口左洞ZK62+035~ZK62+042段同时采集两组图像,并完成图像三维重建,如图5-42所示。对重建结果进行对比分析,获得同一区域同时采集的两组图像三维重建点云距离偏差及统计分析结果,如图5-43、图5-44所示。

a) 第一组图像三维重建结果

b) 第二组图像三维重建结果

图5-42 同一区域同时采集两组图像三维重建结果

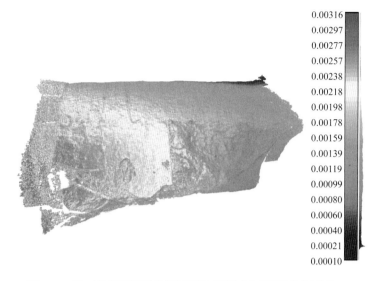

图 5-43　同一区域同时采集的两组图像三维重建点云距离偏差（单位：m）

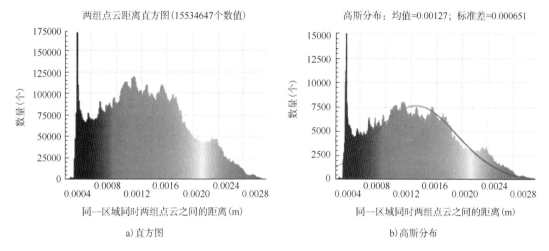

a）直方图　　　　　　　　　　　　　　b）高斯分布

图 5-44　同一区域同时采集的两组图像三维重建点云距离偏差统计

根据图 5-43、图 5-44 计算分析结果，同一区域同时采集的两组图像三维重建点云偏差距离统计分析结果，两次拍摄点云距离偏差均值为 1.27mm，标准差为 0.000651mm，偏差较小，可认为同一区域同时采集的两组图像三维结果没有显著差异。

5.8.5　不同分辨率对图像三维重建结果影响分析

为研究图像分辨率对图像三维重建结果的影响，以海巴洛隧道 2018 年 6 月 19 日图像为原图像，按照比例调整原图像尺寸，可获得原图的 100%、90%、80%、70%、60%、50%、40%、30%、20%、10% 共计 10 组不同分辨率的图像。以原始图像三维重建结果为参考，分别计算其他分辨率图像三维重建结果与原始图像图像三维重建结果的距离，并对距离值进行统计分析，可获得不同分辨率下图像三维重建结果偏差均值及标准差(表5-3、图5-45)。

不同分辨率下图像三维重建结果偏差均值及标准差　　　　表5-3

图像大小	像素(ppi)	点云数量(个)	三维重建结果偏差均值(m)	标准差(m)
原图	5472×3648	22301319	0	0
原图的90%	4925×3283	17871006	0.005967	0.025632
原图的80%	4378×2918	14060339	0.006553	0.011439
原图的70%	3830×2553	10762113	0.007154	0.022762
原图的60%	3283×2188	7892975	0.007842	0.024612
原图的50%	2736×1824	5470349	0.012204	0.035887
原图的40%	2189×1459	3484674	0.013253	0.057073
原图的30%	1642×1094	1943924	0.017632	0.062053
原图的20%	1094×729	832404	0.034573	0.072861
原图的10%	547×364	161757	0.090581	0.103342

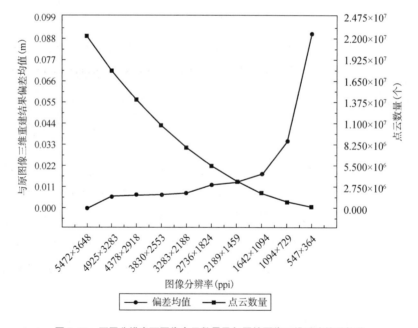

图5-45　不同分辨率下图像点云数量及与原始图像三维重建结果偏差

根据表5-3、图5-45,图像分辨率越高,三维重建点云数量越多,与原图像三维重建结果偏差均值越小,图像像素在5472×3648~3283×2188之间,即每像素代表实际长度在0.9~1.5mm之间时(根据图上比例尺计算获得),图像三维重建结果与原图三维重建结果偏差在0~0.007842m之间,偏差变化较小且比较平稳。当图像像素小于1642×1094,即每像素代表实际长度大于 3mm 时,图像三维重建结果与原图三维重建结果偏差会显著增加。当图像分辨率为原图像的 10%,即每像素代表实际长度大于 9mm 时,图像三维重建结果与原图三维重建结果偏差可达到 0.090581m。以上不同分辨率下图像三维重建结果与原图像三维重建结果偏差为考虑图像点云坐标系转换过程产生的误差。根据计算结果,在图像采集时图像像素选择范围在 4925×3283 ~ 3283×2188 之间,即每像素代表实际长度为 0.9 ~ 1.5mm 时,可满足隧道大变形监测的要求,并应尽量提高图像分辨率。

5.8.6 与全站仪监测数据对比分析

图像采集区域控制点主要有两种作用:①作为控制点用于图像点云坐标系转换使用;②多余的控制点可作为检核点来检测图像点云数据的精度以及可靠性。采用全站仪辅助测量获取控制点坐标,并将转换坐标系后的图像点云中多余控制点坐标与全站仪测量获取的对应控制点坐标进行对比分析,以实现对三维重建模型精度的分析。

假设基于图像三维重建获得的控制点坐标为 (XT_i, YT_i, ZT_i),对应使用全站仪测量的控制点坐标为 (XQ_i, YQ_i, ZQ_i),则二者测量差值为:

$$\begin{cases} \Delta X_i = XQ_i - XT_i \\ \Delta Y_i = YQ_i - YT_i \\ \Delta Z_i = ZQ_i - ZT_i \end{cases} \quad (5\text{-}4)$$

由二者差值可得中误差为:

$$\begin{cases} m_X = \pm\sqrt{\dfrac{[\Delta X \cdot \Delta X]}{n}} \\ m_Y = \pm\sqrt{\dfrac{[\Delta Y \cdot \Delta Y]}{n}} \\ m_Z = \pm\sqrt{\dfrac{[\Delta Z \cdot \Delta Z]}{n}} \end{cases} \quad (5\text{-}5)$$

式中:ΔX、ΔY、ΔZ——分别为 X、Y、Z 方向真误差;

[ ]——求和符号。

选取香丽高速公路白岩子隧道进口左洞 ZK62 + 035 ~ ZK62 + 045 段为研究对象,布置 12 个测量控制点,如图 5-46、图 5-47 所示。随机选取 3 个控制点进行坐标转换,其余 9 个控制点用于精度分析,将全站仪测量的 9 个控制点 X、Y、Z 分量分别减去转换坐标系后图像三维重建点云中对应的 9 个控制点的 X、Y、Z 分量,得到控制点不同方向的差值,进而可计算二者中误差,全站仪测量控制点坐标与图像三维重建测量控制点坐标结果见表 5-4。

图 5-46 白岩子隧道进口左洞 ZK62+035~ZK62+045 段初期支护图像三维重建结果

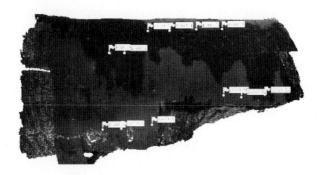

图 5-47 白岩子隧道进口左洞 ZK62+035~ZK62+045 段初期支护控制点布置位置

全站仪测量结果与图像三维重建测量结果(单位:m)　　　　表 5-4

控制点编号	全站仪测量结果	图像三维重建测量结果	差值	坐标及变化量					
	XQ	YQ	ZQ	XT	YT	ZT	ΔX	ΔY	ΔZ
1	3021899.238	517576.385	2553.405	3021899.236	517576.384	2553.404	0.002	0.001	0.001
2	3021898.147	517577.193	2553.379	坐标系转换控制点					
3	3021895.872	517577.617	2555.852	3021895.871	517577.613	2555.854	0.001	0.004	-0.002
4	3021894.424	517578.79	2555.891	3021894.427	517578.81	2555.890	-0.003	-0.002	0.001
5	3021892.648	517580.196	2555.95	坐标系转换控制点					
6	3021890.827	517581.459	2556.014	3021890.830	517581.460	2556.015	-0.003	-0.001	-0.001
7	3021891.751	517567.098	2553.814	3021891.755	517567.100	2553.817	-0.004	0.002	-0.003
8	3021890.834	517567.797	2553.850	3021890.833	517567.799	2553.848	0.001	0.002	0.002
9	3021889.329	517569.019	2554.061	坐标系转换控制点					
10	3021886.227	517572.530	2555.566	3021886.221	517572.530	2555.565	0.006	0.000	0.001
11	3021885.235	517573.149	2555.461	3021885.234	517573.149	2555.461	0.001	0.000	0.000
12	3021884.084	517574.296	2555.491	3021884.081	517574.298	2555.487	0.003	-0.002	0.004

经计算,9 个控制点中误差为:

$$\begin{cases} m_X = \pm 3.12\text{mm} \\ m_Y = \pm 1.94\text{mm} \\ m_Z = \pm 2.03\text{mm} \end{cases} \tag{5-6}$$

根据控制点偏差及中误差可知,基于图像三维重建测量结果在 X、Y、Z 方向上与全站仪测量结果偏差均在 5mm 以内,满足精度要求,可用于隧道大变形监测与变形分析。为更好地完成隧道施工围岩变形监测精度任务,观测精度还需要进一步提高,影响测量精度的因素可总结为以下几点:

(1)控制点标定板精度、标定板表面平整度会影响标定结果的精度。可通过选取高精度标定板来降低该因素对精度的影响。

(2)图像采集区域布置的控制点较少,个别控制点误差较大会影响到其他控制点的解算精度。可通过增加控制点数量,均匀分布控制点(避免成直线或者近似直线分布)来降低该因素对精度的影响。

(3)光线、尘埃会影响测量控制点的识别精度,进而影响获取的控制点坐标精度。可通过改善现场环境来降低该因素对精度的影响。

(4)坐标系转换会引入系统误差。可通过全站仪多次辅助测量,确保控制点坐标准确,从而降低该因素对精度的影响。

第6章 基于全景影像的隧道开挖与支护质量检测应用

6.1 隧道变形检测应用

6.1.1 案例一：白岩子隧道

1) 工程概况

云南省香格里拉至丽江高速公路白岩子隧道是一座分离式隧道,位于云贵高原中部,属构造侵蚀、溶蚀中山地貌,峰顶多呈浑圆形,植被茂密,地形较陡,地质作用以侵蚀、风化作用为主。隧址区水系发育,水资源较丰富,线路区河流主要分布于金沙江水系,包括金沙江及其支流等,河水流量随季节变化明显。白岩子隧道施工围岩等级主要为V级,监测工作开展过程中,现场开挖实际揭露的围岩大多为强~全风化炭质板岩,岩体呈薄层状、薄片状、松散碎裂结构;岩体强度低,遇水易软化,围岩自稳能力差,受扰动易形成坍塌掉块现象(图6-1)。

a) 变形过大,初期支护开裂

b) 变形严重,坍塌掉块

图6-1 白岩子隧道初期支护变形情况

基于整体模型与局部模型相结合的点云空间测距算法计算结果如图6-2所示。

2) 隧道变形情况

白岩子隧道施工过程中初期支护变形严重,围岩变形急剧,出现大量喷射混凝土掉块、开裂及工字钢扭曲、剪断现象,导致洞内初期支护换拱现象极为普遍(图6-1)。由于隧道变形较大,初期支护结构出现了局部破坏,监控量测测点已损坏,且因隧道内重新布设测点风险极高,传统基于光学仪器的监控量测已无法继续提供变形监测数据。

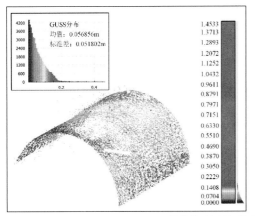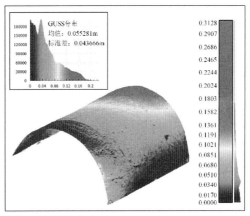

a) 整体模型与局部模型(最小二乘平面)相结合

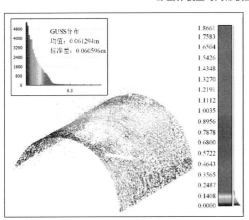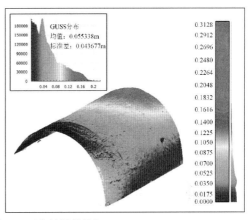

b) 整体模型与局部模型(2D 1/2三角剖分)相结合

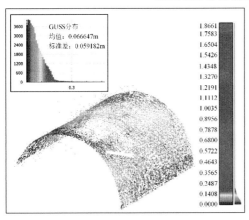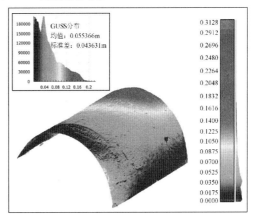

c) 整体模型与局部模型(二次函数)相结合

图6-2 基于整体模型与局部模型相结合的点云空间测距算法计算结果(单位:m)

3）白岩子隧道左线围岩整体变形监测与分析

分别在 2018 年 6 月 13 日、2018 年 6 月 20 日、2018 年 6 月 22 日、2018 年 8 月 7 日对白岩子隧道进口左线 ZK61+990~ZK61+994 段采集四期初期支护图像，并对其进行三维重建，获得四期三维图像密集点云（图 6-3）。

a) 2018年6月13日　　b) 2018年6月20日

c) 2018年6月22日　　d) 2018年8月7日

图 6-3　白岩子隧道初期支护四期密集点云

以 2018 年 6 月 13 日三维重建密集点云为参考模型，分别以 2018 年 6 月 20 日、2018 年 6 月 22 日、2018 年 8 月 7 日三维重建密集点云为比较模型，采用基于整体模型与最小二乘平面相结合的点云直接比较方法计算比较模型与参考模型之间的距离，实现白岩子隧道进口左线 ZK61+990~ZK61+994 段初期支护三维整体变形分析（图 6-4）。

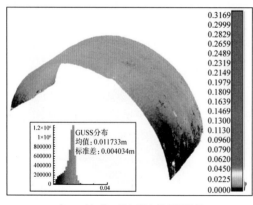

a) 2018年6月20日初期支护变形结果

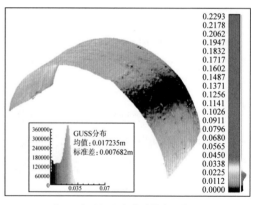

b) 2018年6月22日初期支护变形结果

图 6-4

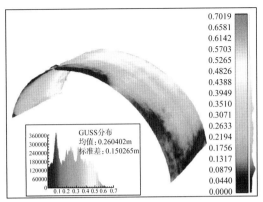

c) 2018年8月7日初期支护变形结果

图6-4 白岩子隧道 ZK61+990~ZK61+994 段初期支护三维整体变形(单位:m)

根据图6-4三维整体变形分析结果,对比2018年6月13日隧道初期支护三维重建点云模型,截止到2018年6月20日,即7d内整体变形均值为1.17cm,标准差为0.40cm;截止到2018年6月22日,即9d内整体变形均值为1.72cm,标准差为0.77cm;截止到2018年8月7日,即55d内整体变形均值为26.04cm,标准差为15.03cm。白岩子隧道进口左线 ZK61+990~ZK61+995 段初期支护三维整体变形及统计分析结果表明,隧道整体变形大且持续,远超过隧道变形预警值且侵入隧道限界,需采取控制措施,确保施工进度和安全。

6.1.2 案例二:海巴洛隧道

1)工程概况

云南省香格里拉至丽江高速公路海巴洛隧道是一座分离式隧道,右幅隧道起止点桩号为 YK65+495~YK67+757,分界段全长2262m,隧道最大埋深约为461m;左幅隧道起止点桩号为 K65+505.04~K67+794,分界段全长2289m,隧道最大埋深471m。左右幅隧道测中线距离34~42m,累计总长4550.96m。海巴洛隧道纵断面图如图6-5所示。

2)隧道变形情况

海巴洛隧道施工围岩等级主要为Ⅴ级,围岩主要为薄层状~碎块状结构的强风化、中风化灰黑色炭质板岩,层厚在0.06~0.2m之间,地下室较发育。隧道施工中过程中,部分断面会发生掌子面垮塌、初期支护大变形。常出现初期支护开裂、剥落、钢拱架扭曲变形等问题,导致初期支护换拱、增加护拱频繁,严重影响施工安全和施工进度。隧道变形情况如图6-6所示。

3)海巴洛隧道进口右线段初期支护变形监测

分别在2018年8月17日、2018年8月27日、2018年9月1日、2018年9月7日对海巴洛隧道进口右线 YK66+224~YK66+232 段采集四期初期支护图像,并对其进行三维重建。表6-1为四期监测变形段标定板坐标,其中编号为1、2、3的标定板用于坐标系转换,图6-7为海巴洛隧道进口右线 YK66+224~YK66+232 段四期三维重建曲面模型。以 2018 年 8 月 17 日三维重建曲面模型为参考模型,分别以 2018 年 8 月 27 日、2018 年 9 月 1 日、2018 年 9 月 7 日三维重建曲面模型为比较模型,计算比较模型与参考模型之间的距离偏差,实现海巴洛隧道进口右线 YK66+224~YK66+232 段初期支护三维整体变形分析,如图6-8所示,统计分析结果见表6-2。

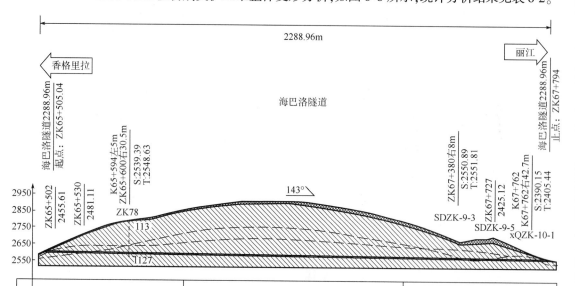

图6-5 海巴洛隧道纵断面图

图6-6 海巴洛隧道初期支护现场变形情况

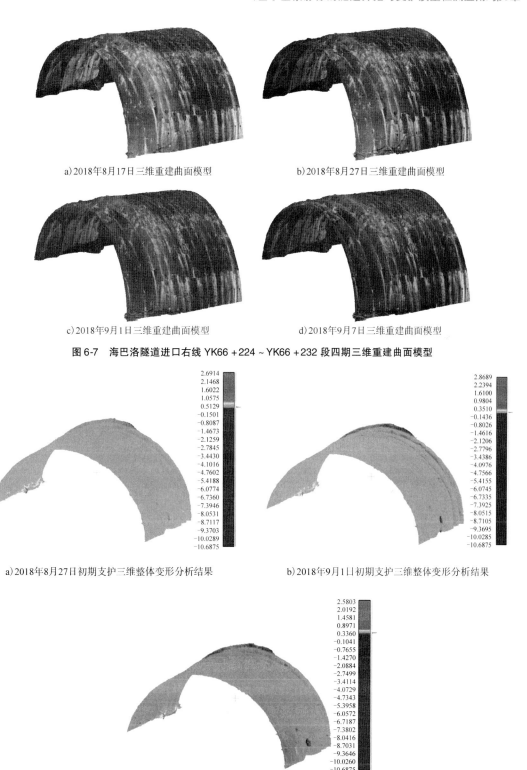

图6-7 海巴洛隧道进口右线YK66+224~YK66+232段四期三维重建曲面模型

图6-8 海巴洛隧道进口右线YK66+224~YK66+232段初期支护三维整体变形分析结果(单位:m)

标定板坐标(单位:m)　　　　　　　　　　　　　　　表6-1

采集日期	标定板编号	X	Y	Z
2018年8月17日	1	3018411.9578	519474.303	2438.0776
	2	3018404.7623	519464.6755	2436.8242
	3	3018408.1004	519477.3556	2438.0715
	4	3018400.7279	519468.488	2438.2066
2018年8月27日	1	3018411.9603	519474.3063	2438.0695
	2	3018404.771	519464.6798	2436.8169
	3	3018408.1026	519477.358	2438.0629
	4	3018400.7353	519468.4907	2438.1999
2018年9月1日	1	3018411.9736	519474.3168	2438.0651
	2	3018404.7797	519464.6963	2436.8186
	3	3018408.1172	519477.371	2438.0651
	4	3018400.7455	519468.508	2438.2006
2018年9月7日	1	3018411.9472	519474.2817	2438.0732
	2	3018404.7542	519464.6634	2436.8217
	3	3018408.0922	519477.3353	2438.0674
	4	3018400.7218	519468.4758	2438.2033

海巴洛隧道进口右线 YK66+224~YK66+232 段整体变形统计分析结果(单位:m)　表6-2

日期	最值	平均值	标准偏差	均方根估计值
2018年8月27日	+0.4108/-0.3606	+0.0235/-0.0116	0.0308	0.0328
2018年9月1日	+0.4268/-0.3907	+0.0280/-0.0217	0.0316	0.0373
2018年9月7日	+0.5975/-0.6038	+0.0302/-0.0325	0.0430	0.0492

根据图6-8、表6-2,对比2018年8月17日三维重建结果,截止到2018年8月27日,即10d内整体变形均值为2.35cm,标准偏差为3.08cm,均方根估计值为3.28cm;截止到2018年9月1日,即14d整内体变形均值为2.8cm,标准偏差为3.16cm,均方根估计值为3.73cm;截止到2018年9月7日,即20d内整体变形均值为3.02cm,标准偏差为4.3cm,均方根估计值为4.92cm。因个别点存在较大偏差,不能反映整体情况,所以在三维整体变形分析中采用所有数据的统计分析结果作为整体变形分析指标(即均值、标准偏差、均方根估计),最值只作为参考指标,下同。

沿隧道轴线方向截取图6-8三维整体变形分析模型,可获得隧道拱顶变形值,实现对该段拱顶下沉连续监测。海巴洛隧道进口右线 YK66+224~YK66+232 段初期支护拱顶变形分析位置如图6-9所示,海巴洛隧道进口右线 YK66+224~YK66+232 段初期支护拱顶沉降分析结果如图6-10所示,统计分析结果见表6-3。

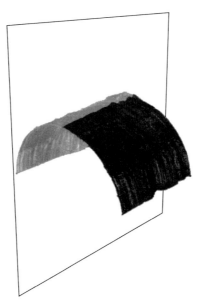

图 6-9　海巴洛隧道进口右线 YK66+224~YK66+232 段初期支护拱顶变形分析位置

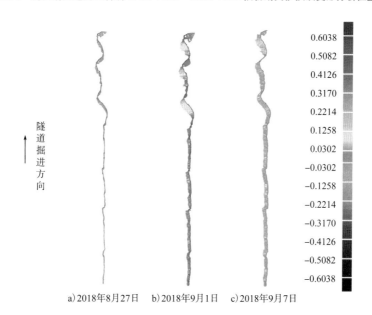

a) 2018年8月27日　　b) 2018年9月1日　　c) 2018年9月7日

图 6-10　海巴洛隧道进口右线 YK66+224~YK66+232 段初期支护拱顶沉降(单位:m)

海巴洛隧道进口右线 **YK66+224~YK66+232** 段拱顶沉降统计分析(单位:m)　　表 6-3

日期	最值	平均值	标准偏差	均方根估计值
2018 年 8 月 27 日	+0.0382/−0.0514	+0.0075/−0.0086	0.0128	0.0128
2018 年 9 月 1 日	+0.0725/−0.0825	+0.0280/−0.0331	0.0248	0.0328
2018 年 9 月 7 日	+0.0678/−0.0368	+0.0349/−0.0157	0.0138	0.0359

根据图6-10、表6-3,该段隧道初期支护拱顶处于持续沉降状态。对比2018年8月17日初期支护拱顶监测位置,截止到2018年8月27日,即10d内拱顶沉降均值为0.75cm,标准偏差为1.28cm,均方根估计值为1.28cm;截止到2018年9月1日,即14d内拱顶沉降均值为2.8cm,标准偏差为2.48cm,均方根估计值为3.28cm;截止到2018年9月7日,即20d内拱顶沉降均值为3.49cm,标准偏差为1.38cm,均方根估计值为3.59cm。根据图6-10所示二维变形云图,拱顶沉降值沿着隧道掘进方向逐渐增大,即靠近掌子面拱顶沉降较大。

沿隧道水平方向截取图6-8三维整体变形分析模型,可获得隧道周边收敛变形值,实现对该段周边收敛连续监测。海巴洛隧道进口右线YK66+224~YK66+232段初期支护周边收敛变形分析位置如图6-11所示,海巴洛隧道进口右线YK66+224~YK66+232段初期支护周边收敛变形分析结果如图6-12所示,统计分析结果见表6-4。

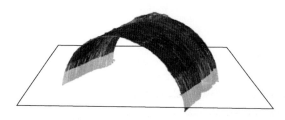

图6-11 海巴洛隧道进口右线YK66+224~YK66+232段初期支护周边收敛监测位置

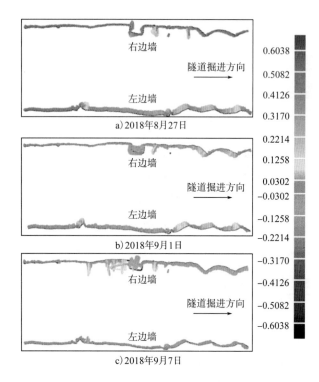

图6-12 海巴洛隧道进口右线YK66+224~YK66+232段初期支护周边收敛(单位:m)

海巴洛隧道进口右线 YK66+224~YK66+232 段初期支护周边收敛统计分析(单位:m)　　　　表6-4

日期	最值	平均值	标准偏差	均方根估计值
2018年8月27日	+0.1205/-0.0497	+0.0266/-0.0074	0.0222	0.0280
2018年9月1日	+0.1014/-0.1362	+0.0259/-0.0178	0.0268	0.0268
2018年9月7日	+0.1722/-0.1465	+0.0261/-0.0246	0.0333	0.0367

根据图6-12、表6-4该段隧道初期支护处于持续收敛状态。对比2018年8月17日初期支护周边收敛位置,截止到2018年8月27日,即10d内周边收敛均值为2.66cm,标准偏差为2.22cm,均方根估计值为2.80cm;截止到2018年9月1日,即14d整内周边收敛均值为2.59cm,标准偏差为2.68cm,均方根估计值为2.68cm;截止到2018年9月7日,即20d内周边收敛均值为2.61cm,标准偏差为3.33cm,均方根估计值为3.67cm。

沿隧道轴线垂直方向截取图6-8三维整体变形分析模型,可获得隧道指定截面变形值,实现对指定截面变形连续监测。海巴洛隧道进口右线 YK66+224~YK66+232 段初期支护指定截面变形分析位置(截面1里程为YK66+225,截面2里程为YK66+228,截面3里程为YK66+231)如图6-13所示,海巴洛隧道进口右线 YK66+224~YK66+232 段初期支护指定截面变形分析结果如图6-14所示,统计分析结果见表6-5。

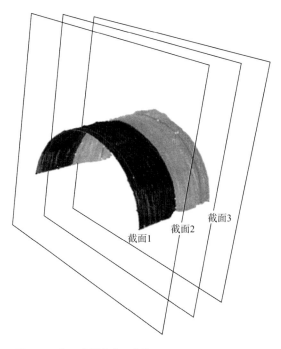

图6-13　海巴洛隧道进口右线 YK66+224~YK66+232 段初期支护监测断面位置

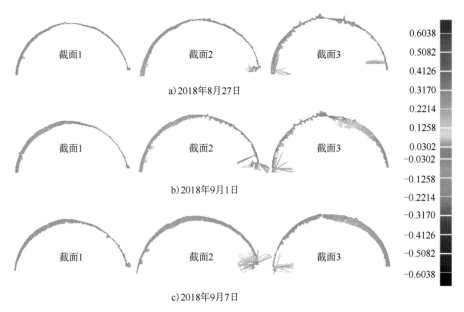

图 6-14 海巴洛隧道进口右线 YK66+224~YK66+232 段初期支护监测断面变形监测结果(单位:m)

表 6-5 海巴洛隧道进口右线 YK66+224~YK66+232 段初期支护监测断面变形统计分析(单位:m)

日期	截面	最值	平均值	标准偏差	均方根估计值
2018年8月27日	截面1	+0.0477/-0.0300	+0.0134/-0.0063	0.0114	0.0122
	截面2	+0.0724/-0.0374	+0.0179/-0.0077	0.0159	0.0177
	截面3	+0.1833/-0.0415	+0.0194/-0.0128	0.0236	0.0281
2018年9月1日	截面1	+0.0416/-0.0316	+0.0212/-0.0040	0.0146	0.0212
	截面2	+0.1832/-0.1839	+0.0209/-0.0388	0.0235	0.0284
	截面3	+0.1833/-0.0933	+0.0295/-0.0167	0.0299	0.0379
2018年9月7日	截面1	+0.0434/-0.0453	+0.0224/-0.0104	0.0163	0.0232
	截面2	+0.1829/-0.1655	+0.0311/-0.0351	0.0327	0.0434
	截面3	+0.1802/-0.0372	+0.0331/-0.0067	0.0252	0.0380

根据图 6-14、表 6-5,截面 1、截面 2、截面 3 均处于持续变形状态。

对比 2018 年 8 月 17 日典型截面变形监测位置,对于截面 1(里程为 YK66+225),截止到 2018 年 8 月 27 日,即 10d 内变形均值为 1.34cm,标准偏差为 1.14m,均方根估计值为 1.22cm;截止到 2018 年 9 月 1 日,即 14d 整内变形均值为 2.12cm,标准偏差为 1.46cm,均方根估计值为 2.12cm;截止到 2018 年 9 月 7 日,即 20d 内变形均值为 2.24cm,标准偏差为 1.63cm,均方根估计值为 2.32cm。

对比 2018 年 8 月 17 日典型截面变形监测位置,对于截面 2(里程为 YK66+228),截止到 2018 年 8 月 27 日,即 10d 内变形均值为 1.79cm,标准偏差为 1.59m,均方根估计值为 1.77cm;

截止到 2018 年 9 月 1 日，即 14d 整内变形均值为 2.09cm，标准偏差为 2.35cm，均方根估计值为 2.84cm；截止到 2018 年 9 月 7 日，即 20d 内变形均值为 3.11cm，标准偏差为 3.27cm，均方根估计值为 4.34cm。

对比 2018 年 8 月 17 日典型截面变形监测位置，对于截面 3（里程为 YK66+331），截止到 2018 年 8 月 27 日，即 10d 内变形均值为 1.94cm，标准偏差为 2.36m，均方根估计值为 2.81cm；截止到 2018 年 9 月 1 日，即 14d 整内变形均值为 2.95cm，标准偏差为 2.99cm，均方根估计值为 3.79cm；截止到 2018 年 9 月 7 日，即 20d 内变形均值为 3.31cm，标准偏差为 2.52cm，均方根估计值为 3.8cm。

6.2 隧道围岩智能分级应用

6.2.1 工程概况

虎溪台隧道位于浙江省临金高速公路临安到建德段，为双向分离式隧道。隧道左洞起止桩号为 ZK63+283～ZK66+385，全长 3102m；右洞起止桩号为 YK63+300～YK66+405，全长 3105m，是临建高速三条特长隧道之一。虎溪台隧道全线中的Ⅲ级围岩区段占比为 49.00%；Ⅳ级围岩区段占比为 46.85%；Ⅴ级围岩占比为 4.15%；同时，隧道共穿越两段灰岩地区，区间内岩溶较发育，沿线地质情况复杂，隧道围岩等级变换频繁，该隧道是临建高速公路 TJ05 标的重要控制性工程。虎溪台隧道左线和右线纵断面图如图 6-15、图 6-16 所示。

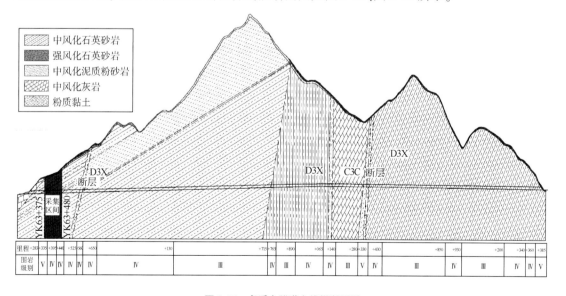

图 6-15 虎溪台隧道左线纵断面图

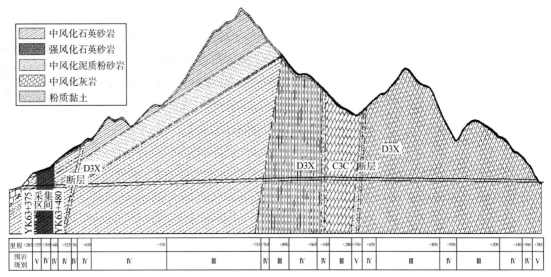

图 6-16 虎溪台隧道右线纵断面图

虎溪台隧道位于低山丘陵地区,该地区沟谷发育,山体完整性一般,且地势起伏较大,植被较发育。隧道地址区的海拔位于 300～600m 之间,地形较高,定向性差,山坡坡度较陡峭,一般为 30°～40°,地区水系在平面上呈树枝状与网格状分布,较为发达。隧道进洞口处的最大埋深约为 20m,主要包括含砾粉质黏土、强～中风化基岩,岩体完整性差。同时隧址位于山岭中,交通较不便利,给施工带来一定困难。

虎溪台隧道区段内的地质主要由寒武石炭系灰岩、志留系岩屑砂岩、奥陶系沉积碎屑岩、燕山晚期侵入岩等组成。第四系地层主要为含砾粉质黏土、含黏性土碎石、残坡积含砾粉质黏土、含黏性土角砾及碎石,其厚度较薄,一般为 2～5m,但局部地区较厚,厚度最高可达 13m。

隧道区段内有岩溶发育,隧道选址区所处大地构造单元系扬子准地台之钱塘台褶带之常山-诸暨拱褶带,钱塘台褶带经过神功、晋宁及印支强烈造山运动,褶皱构造十分发育,尤其是印支运动,形成了一系列的复式褶皱构造,带内中生代地层发育。

因此,隧道区段内构造较为发育,大断裂带主要有学川～湖州大断裂14、昌化～普陀大断裂⑧;褶皱构造主要有学川-白水湾复背斜6、于潜-三桥埠复向斜7等。

根据地下水的赋存形式、埋藏条件与分布位置,该测区地下水的分类如下:

(1)基岩裂隙水:主要赋存于强～中风化基岩内,水量较丰富,部分具有承压性。钻孔 ZKS406 揭示承压水,观测期 2 个月,孔口水头压力稳定在 0.3MPa 左右,钻孔水流量稳定在 150t/d 左右。

(2)基岩裂隙水:基岩风化裂隙水主要赋存于强～中风化基岩中,隧道区强风化层风化裂隙发育,岩体成碎块状,储水性好,厚度较小,多在地下水水位以上;中风化层节理裂隙发育,节理裂隙以闭合为主,一般水量贫乏,局部裂隙较密集,局部水量稍大。根据压水试验结果,一般为渗透性微弱,富水性差,水量贫乏。

(3)裂隙岩溶水:赋存于基岩裂隙及溶蚀孔洞内,以岩溶管道流排泄为主,排泄条件较好,总体水量较丰富。

本次现场数据采集的区段为YK63+375~YK63+480区间,在这一里程区间主要为剥蚀丘陵地貌单元,自然坡度20°~30°,洞顶埋深20~92m;隧道穿越中风化泥质粉砂岩夹石英砂岩。其中,石英砂岩呈灰白色,中细粒结构,厚层状构造,岩芯破碎,多呈块状,少量短柱状,岩质硬,锤击声脆不易碎;泥质粉砂岩呈紫红色,质软,易软化崩解。

区间内节理主要包括:295°∠86°、230°∠67°,第四系厚度小,地下水主要为基岩裂隙水,赋存于强~中风化基岩内,水量较丰富,部分具承压性,附近钻孔水流量约为26t/d。

根据地质勘探报告与设计图纸,YK63+345~YK63+415及YK63+455~YK63+540段隧道穿越泥质粉砂岩夹石英砂岩,层状,层理产状较平缓,岩质较软,岩石单轴饱和抗压强度$R_c=(23.0~28.4)$MPa,岩体完整性系数$K_v=0.46~0.87$。因此R_c采用21.2MPa,K_v采用0.55,修正系数K_1取0.2,修正系数K_2取0.3,修正系数K_3取0,计算得$[BQ]$值为251,综合评定为Ⅳ级围岩,采用"SA5"级支护。

根据地质勘探报告与设计图纸,YK63+415~YK63+455及YK63+541~YK63+570段隧道主要穿越中风化石英砂岩,岩质较硬,节理裂隙发育,完整性一般,$R_c=(33.3~52.4)$MPa,岩体完整性系数$K_v=0.46~0.87$。因此,R_c采用45.4MPa,K_v采用0.55,修正系数K_1取0.2,修正系数K_2取0.3,修正系数K_3取0,计算得$[BQ]$为323,综合评定为Ⅳ级围岩,采用"SA4"级支护。

6.2.2 三维重建

现场图像采集时间为2020年5—7月。在每一次隧道完成爆破、出渣、排险后,工程技术人员进入隧道,在靠近掌子面的初期支护两侧各固定2个聚氯乙烯(PVC)标定板,间距约一倍循环进尺。其中,标定板示例见图6-17a),标定板布置位置见图6-17b)。随后,手持数码相机(佳能EOS80D)首先以垂直于硐壁的姿态拍摄围岩照片,再以垂直于掌子面的姿态拍摄照片,最后使用全站仪记录标定板坐标。

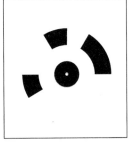

a)标定板示例　　　　　　　　　　　　b)标定板布置位置

图6-17　现场图像采集过程示例

最后，现场一共记录了有效的掌子面图像21组，里程分布于虎溪台隧道右线YK63+375~YK63+480区间内，有效图片共计12726张，如图6-18所示。

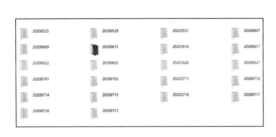

a) 图像分组

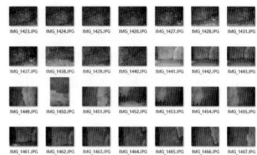

b) 某开挖面图像组

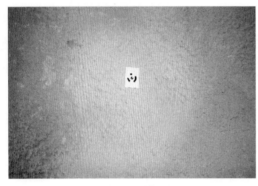

c) 标定板图像示例

d) 开挖面图像示例

图6-18 采集图像结果示例

目前已存在大量成熟的商业化三维重建软件。根据第2章介绍的方法，对前期采集的二维RGB图像（图6-18）进行三维曲面重建。处理流程一共分为以下四个环节：

（1）基于运动恢复结构法（Structure from Motion，SfM）生成三维稀疏点云（Sparse Point Cloud）。稀疏点云是图像数据中的特征点，它们具有非常明显的特征，检测和匹配极为简单，是后续处理的基础。在进行图像稀疏点云重建时，求解出图像数据中重叠图像的相同点，以此作为匹配点，进行图像配准，并估计相机位置。

（2）基于网络多视角立体视觉法（Multi View Stereo，MVS）生成密集点云（Dense Point Cloud）。密集点云是在已经建立的稀疏点云的基础上，通过插值算法，在点云之间增加点，更加细致地重现出拍摄区域。

（3）基于曲面重建（Surface Reconstruction）与纹理映射（Texture Mapping）获得三维Mesh图像。三维Mesh图像是在三维点云数据的基础上，批量建立三角面（Triangle）连接点云，以拟合真实的物体表面，因而可以逼真地反映物体的形状、轮廓等信息。算法生成的三角面越多，对物体轮廓的拟合程度越高。

(4)在完成三维图像重建后,利用 MeshLab 软件,选中图像中的初期支护部分并将其删去,即可获得最终的隧道围岩开挖面三维图像,结果如图 6-19d)所示。

a)第一步:构建稀疏点云

b)第二步:构建三维密集点云

c)第三步:三维曲面重建

d)第四步:裁剪初期支护

图 6-19 三维曲面重建结果与裁剪后结果

通过重复上述三维重建流程,共获得虎溪台隧道右线 21 处掌子面的三维图像,里程分布于 YK63 +375 ~ YK63 +480 区间内,均为.ply 格式带有纹理的三维 Mesh 图像。

由于虎溪台隧道工期较为紧张,从隧道排险完成到下一轮作业的时间间隔较短,因此未安排其他三维图像采集设备,对三维重建结果进行交叉验证。但是,在同时期进行的杭州绕城西复线六号山隧道项目中,将三维图像重建结果与激光扫描结果进行比对,截取了隧道开挖面的裸岩部分,采用 Hausdorff 距离计算图像点云与激光点云的距离差,差值主要为 10mm 左右,这一结果表明基于图像的三维重建方法较为可靠,能够保留现场真实的三维信息,为进一步获取开挖围岩结构特征提供条件。

图 6-20 为 YK63 +375 ~ YK63 +430 的十组开挖面三维图像,根据地质勘察报告,泥质粉砂岩呈紫红色,质地软,容易软化崩解;而石英砂岩呈现灰白色,中细粒结构,厚层状构造,岩芯破碎,多呈块状,少量短柱状,岩质硬。图 6-20g)中较为明显地反映了这种岩性变化,随着里程的增长,岩石类型由"中风化泥质粉砂岩夹石英砂岩"逐渐向"中风化石英砂岩"为主转变(YK63 +410 里程附近),与地勘报告的描述内容相对吻合。

同时,从图 6-20 中可知,围岩层状及层理较为明显,随里程增长逐渐变平缓,节理裂隙较发育,围岩完整性一般;随着里程的增加,围岩岩质渐硬,掌子面呈湿润状态,这说明地下水水量较为丰富。

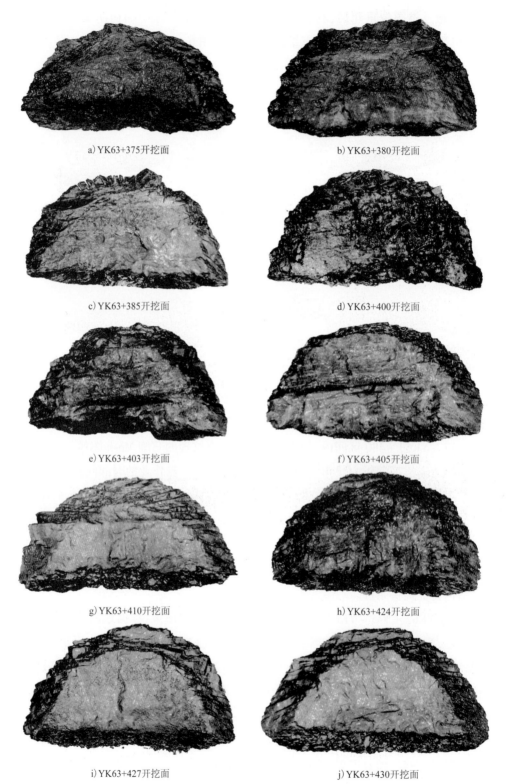

a) YK63+375开挖面　　　b) YK63+380开挖面
c) YK63+385开挖面　　　d) YK63+400开挖面
e) YK63+403开挖面　　　f) YK63+405开挖面
g) YK63+410开挖面　　　h) YK63+424开挖面
i) YK63+427开挖面　　　j) YK63+430开挖面

图6-20　虎溪台隧道三维图像示例（YK63+375～YK63+430区间）

6.2.3 三维超像素分割

本书涉及的算法编写均基于 Python 3.6 语言以及 Numpy 科学计算库、Open3d 三维图像处理库、Scikit-learn 机器学习算法库等进行编写,利用三维 SLIC 超像素分割算法对 21 组开挖面图像进行处理,部分掌子面超像素分割结果如图 6-21 所示。

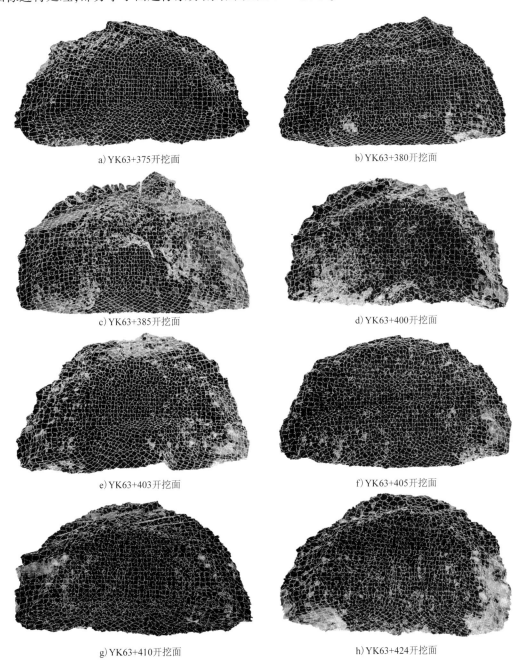

a) YK63+375开挖面 　　　　　　　　　b) YK63+380开挖面

c) YK63+385开挖面 　　　　　　　　　d) YK63+400开挖面

e) YK63+403开挖面 　　　　　　　　　f) YK63+405开挖面

g) YK63+410开挖面 　　　　　　　　　h) YK63+424开挖面

图 6-21

i) YK63+427开挖面　　　　　　　　j) YK63+430开挖面

图 6-21　部分超像素分割结果（YK63 +375 ~ YK63 +430 区间）

由图 6-21 可知,基于改进的 SLIC 超像素分割算法,利用了同质区域内三角面特征的相似性和相邻的不同区域之间的边界信息,能够很好地响应区域的颜色变化,从而高效地生成结构紧凑、同质性强的超像素。

图像中超像素的尺度为 100 ~ 300mm,这一聚类操作有效克服了三维 Mesh 图像本身的离散性和独立性。

6.2.4　结构面提取

利用基于角度差异的结构面提取算法对 21 组开挖面图像进行处理,其中部分开挖面的结构面识别结果如图 6-22 所示。

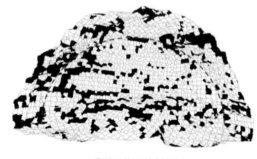 

a) 掌子面节理裂隙提取1　　　　　　　　b) 掌子面节理裂隙提取2

c) 掌子面节理裂隙提取3　　　　　　　　d) 掌子面节理裂隙提取4

图 6-22　部分开挖面的结构面提取结果

该段围岩岩性以中风化石英砂岩为主,围岩节理裂隙为"较发育",岩体为"较破碎",呈块状~镶嵌碎裂结构。从图 6-22 可知,基于角度差异的结构面提取算法能够较好地适应隧道开挖面的特殊法向量分布状况,大部分开挖面上的识别结果均与其实际节理裂隙情况吻合,算法表现良好,能够为后续围岩分级提供数据基础。

6.2.5 围岩结构特征多级融合

由于图片长宽比例的限制,以 7 个为一组对原始围岩结构面提取结果进行分组,并分别进行展示,如图 6-23 所示。

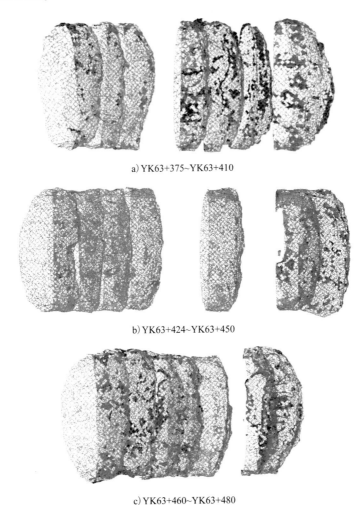

a) YK63+375~YK63+410

b) YK63+424~YK63+450

c) YK63+460~YK63+480

图 6-23　YK63+375~YK63+480 区间结构面提取结果

由图 6-23 所示的结构面提取结果可知,该隧道同一开挖面内、不同开挖面间的结构面,尚未被科学聚类,并区分出离散节理裂隙、优势结构面,因此本节将对围岩结构特征的融合算法进行研究。

(1)一级聚类结果

经过上述围岩结构特征融合算法处理,YK63+375~YK63+430区间内的结构特征一级聚类结果如图6-24所示,图中"小型离散节理裂隙"被标注为浅灰色,而"中型优势结构面组"在图中被标注为彩色,其中同一颜色为同一"中型优势结构面组"。

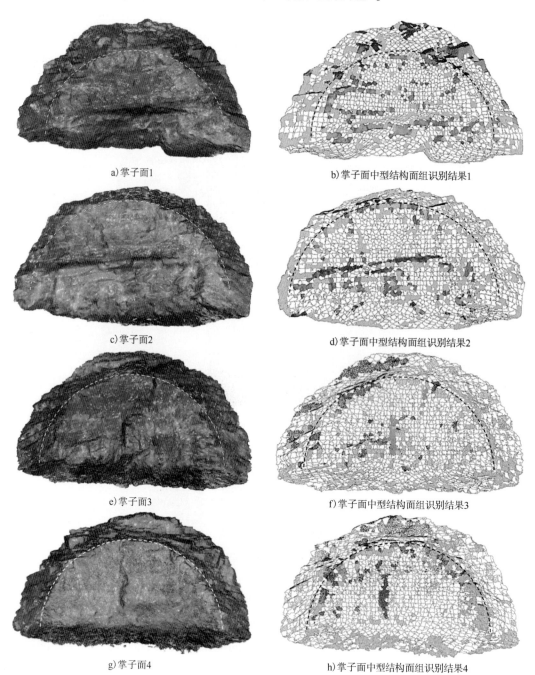

a) 掌子面1　　　　　　　　　　　b) 掌子面中型结构面组识别结果1

c) 掌子面2　　　　　　　　　　　d) 掌子面中型结构面组识别结果2

e) 掌子面3　　　　　　　　　　　f) 掌子面中型结构面组识别结果3

g) 掌子面4　　　　　　　　　　　h) 掌子面中型结构面组识别结果4

图6-24　结构面初步融合结果及对比

该段围岩岩性以中风化石英砂岩为主,围岩节理裂隙为"较发育",岩体为"较破碎",呈块状~镶嵌碎裂结构。从图 6-24 可知,这一条件下,大部分开挖面图像上的优势结构面识别结果均与其实际节理裂隙情况吻合,算法表现良好。当围岩节理裂隙发育,岩体破碎,多呈镶嵌碎裂结构时,这种镶嵌碎裂结构的节理裂隙尺度较小,因此当设定的 SLIC 超像素聚类中心 k 过小时(意味着聚类范围增大),那么小型节理裂隙将难以被捕捉,最终导致优势结构面的识别结果较差,可以通过增大 SLIC 超像素聚类中心 k 来进行调整。

综上所述,基于 DBSCAN 聚类算法所识别出的"中型优势结构面组",基本与该开挖面真实的节理裂隙情况相吻合,说明该算法能够适应隧道开挖面的特殊工程情况,其生成的结果能够为后续的隧道数值模型构建提供准确的产状信息。

表 6-6 展示了在 YK63 +375 ~ YK63 +480 区间内,经过一级聚类算法后,在 21 组开挖面上获得的"中型优势结构面组"的几何中心坐标与法向量。

各里程中型优势结构面组的几何中心坐标与法向量(全局坐标系下)　　表 6-6

开挖面里程	优势结构面编号	几何中心坐标	法向量
YK63 +375	1 号	4048.13,5979.88,121.53	-0.8711, -0.1953, -0.4507
	2 号	4045.87,5978.76,123.01	0.0738, -0.4561, -0.8869
	3 号	4045.34,5976.70,123.56	-0.2631,0.2194, -0.9395
YK63 +380	4 号	4048.95,5976.82,122.35	-0.5451, -0.3653, -0.7546
	5 号	4047.09,5973.44,120.98	-0.5389,0.8397, -0.0671
	6 号	4044.92,5973.74,123.52	0.4242,0.0650, -0.9032
YK63 +385	7 号	4048.68,5973.92,123.45	-0.0208, -0.4384, -0.8985
	8 号	4052.11,5974.80,120.66	-0.9426,0.1830, -0.2792
	9 号	4047.09,5970.05,121.05	0.1794,0.8738, -0.4521
YK63 +400	10 号	4062.63,5959.20,122.20	-0.7299,0.2414, -0.6395
	11 号	4065.22,5963.30,120.72	-0.6822, -0.6222, -0.3840
	12 号	4058.83,5957.32,123.29	0.2939,0.0860, -0.9520
YK63 +403	13 号	4063.47,5958.08,123.29	0.0202, -0.0998, -0.9948
	14 号	4064.65,5956.53,120.57	-0.7392,0.6565, -0.1503
	15 号	4060.11,5954.69,122.91	0.3393,0.7561, -0.5597
YK63 +405	16 号	4066.84,5954.34,119.57	-0.3528,0.5496,0.7573
	17 号	4066.38,5954.11,120.70	-0.8178,0.5502, -0.1687
	18 号	4066.51,5955.49,123.65	0.0029, -0.3627, -0.9319
YK63 +410	19 号	4069.18,5951.71,123.31	0.1274, -0.2096, -0.9694
	20 号	4069.24,5949.95,120.98	-0.7580,0.4778, -0.4441
	21 号	4068.67,5948.89,120.68	-0.4904,0.8268,0.2756

续上表

开挖面里程	优势结构面编号	几何中心坐标	法向量
YK63+424	22 号	4079.08,5944.52,122.31	−0.8583,0.1821,−0.4797
	23 号	4078.25,5941.42,120.44	−0.1215,0.9747,0.1876
	24 号	4079.67,5945.10,122.88	−0.0880,−0.5274,−0.8450
YK63+427	25 号	4081.88,5941.22,120.96	−0.9861,0.1343,−0.0973
	26 号	4079.71,5940.53,123.02	−0.5406,0.6173,−0.5716
	27 号	4080.21,5942.39,123.46	0.0742,−0.3966,−0.9150
YK63+430	28 号	4080.63,5938.51,124.37	0.1975,−0.3109,−0.9297
	29 号	4084.36,5941.42,122.22	−0.2467,−0.5304,−0.8111
	30 号	4078.14,5935.15,122.96	0.5847,0.3538,−0.7300
YK63+433	31 号	4084.33,5935.06,122.18	−0.5911,0.7665,−0.2511
	32 号	4081.74,5933.02,118.83	−0.0869,0.5671,0.8190
	33 号	4084.72,5937.99,123.65	−0.0079,−0.4371,−0.8994
YK63+440	34 号	4089.82,5927.28,122.26	−0.2669,0.8671,−0.4207
	35 号	4092.48,5932.39,122.66	−0.1985,−0.5621,−0.8029
	36 号	4086.35,5927.31,123.91	0.4564,0.1994,−0.8672
YK63+447	37 号	4096.54,5922.83,122.12	−0.3990,0.7354,−0.5477
	38 号	4098.10,5926.28,122.75	−0.3039,−0.5876,−0.7499
	39 号	4093.57,5923.06,124.29	0.2573,−0.1703,−0.9512
YK63+450	40 号	4095.43,5919.75,123.42	0.0133,0.7706,−0.6372
	41 号	4097.71,5923.15,123.81	−0.0828,−0.3518,−0.9324
	42 号	4096.01,5919.82,118.07	−0.1499,0.6110,0.7773
YK63+460	43 号	4102.58,5916.06,123.08	−0.7461,0.4534,−0.4876
	44 号	4103.47,5920.06,123.01	−0.1195,−0.5073,−0.8535
	45 号	4097.51,5914.01,123.48	0.4607,−0.0712,−0.8847
YK63+464	46 号	4104.20,5915.80,122.94	0.2201,−0.4310,−0.8751
	47 号	4103.10,5911.90,123.58	−0.2990,0.7107,−0.6368
	48 号	4099.37,5910.81,122.37	0.3715,0.8083,−0.4567
YK63+468	49 号	4104.11,5912.13,124.96	0.3311,−0.2753,−0.9026
	50 号	4107.27,5915.42,123.87	−0.1721,−0.4277,−0.8874
	51 号	4103.54,5910.78,124.26	−0.0435,0.5023,−0.8636
YK63+470	52 号	4109.09,5910.32,122.07	−0.9187,0.3443,−0.1933
	53 号	4108.74,5911.28,123.79	−0.5259,−0.0794,−0.8468
	54 号	4105.58,5909.74,124.26	0.2366,0.1465,−0.9605

续上表

开挖面里程	优势结构面编号	几何中心坐标	法向量
YK63+473	55号	4108.57,5904.87,121.12	-0.4262,0.8255,0.3700
	56号	4108.04,5907.93,124.68	0.1270,-0.1426,-0.9816
	57号	4111.29,5908.35,123.02	-0.7724,0.2957,-0.5621
YK63+475	58号	4115.83,5907.30,123.50	-0.6304,-0.3483,-0.6938
	59号	4115.16,5904.94,121.44	-0.9987,-0.0497,0.0138
	60号	4112.97,5902.75,123.11	-0.4284,0.8474,-0.3137
YK63+480	61号	4115.65,5905.51,124.74	-0.0769,-0.4616,-0.8838
	62号	4113.88,5901.88,124.35	-0.1589,0.4640,-0.8714
	63号	4111.99,5900.24,122.39	0.2238,0.8238,-0.5208

需要说明,在地质勘察资料中,对于岩体完整性系数 K_v,在整个区间内均取0.55;对于岩石单轴饱和抗压强度 R_c,在 YK63+375~YK63+415、YK63+455~YK63+480 区间内取 21.2MPa,在 YK63+415~YK63+455 区间内取45.4MPa;对于地下水影响修正系数 K_1,在整个区间内均取0.2;对于主要结构面影响修正系数 K_2,在整个区间内均取0.3;对于初始应力修正系数 K_3,在整个区间内均取0。

(2)二级聚类结果

表6-7为二级聚类结果,即大型跨里程结构面组的几何中心坐标与法向量。根据虎溪台隧道前期地质勘察资料,在 YK63+375~YK63+480 区间内的主要节理分别有:①230°∠67°,其法向量为(0.5917,0.7051,-0.3907),与表6-7中C组结构面组的法向量(0.3515,0.7482,-0.5626)大致匹配,其误差角不超过17.2°;②295°∠86°,其法向量为(-0.4216,0.9041,-0.0698),与表6-7中A组结构面组的法向量(-0.4727,0.7991 -0.3713)大致匹配,其误差角不超过18.6°。以上比较结果表明,基于无监督聚类学习算法所获得的结构特征融合结果,能够较为准确地反映隧道围岩的结构信息。

跨里程结构面组的几何中心坐标与平均法向量 表6-7

跨里程结构面组编号	所含的优势结构面编号	几何中心坐标	平均法向量
A	5、26、31、34、37、60	4085.07,5933.64,122.27	-0.4727,0.7991 -0.3713
B	24、29、35、38、44、50、61	4097.28,5926.59,123.16	-0.1731,-0.5176,-0.8378
C	9、15、30、48、63	4079.34,5934.18,122.33	0.3515,0.7482,-0.5626

6.2.6 各开挖面隧道围岩稳定性分级结果

上述围岩稳定性分级算法,基于 Python 3.6 语言以及 Numpy 科学计算库、Scikit-learn 机器学习算法库等完成程序编写。其中,Mean-shift 算法涉及一个带宽参数 Bandwidth,通过计算所有样本点的平均最远 k 近邻距离自动得到,在实验中 k 值取 0.3 倍样本总数。

最终,各里程的岩体稳定性分级计算过程见表 6-8。

各里程岩体基本质量指标修正值计算过程 表 6-8

里程	结构面编号	间距(m)	数量(个)	S_0	J_v	夹角 $\alpha(°)$	倾角 $\theta(°)$	修正系数 K_2
YK63+375	1	1.10	3	6.95	9.39	30.42	26.79	0.35
	2	3.08	4					
	3	0.83	2					
YK63+380	4	1.37	3	7.56	10.24	9.25	48.99	0.52
	5	1.20	2					
	6	0.90	4					
YK63+385	7	1.18	3	8.46	10.48	44.24	63.97	0.27
	8	1.92	4					
	9	1.54	4					
YK63+400	10	0.46	5	5.81	11.49	61.35	39.76	0.25
	11	0.78	3					
	12	0.45	4					
YK63+403	13	1.40	3	5.75	8.48	58.40	84.16	0.21
	14	1.25	3					
	15	0.82	3					
YK63+405	16	0.97	3	8.10	11.48	79.66	49.23	0.21
	17	1.68	2					
	18	0.57	3					
YK63+410	19	1.90	5	5.08	6.94	78.25	75.80	0.08
	20	1.88	3					
	21	1.24	3					
YK63+424	22	1.40	4	7.28	9.80	55.03	28.67	0.31
	23	1.20	6					
	24	1.02	3					
YK63+427	25	1.08	7	6.92	9.24	50.81	5.59	0.36
	26	1.02	3					
	27	2.39	3					
YK63+430	28	0.62	5	8.43	13.46	79.39	68.38	0.18
	29	0.58	3					
	30	0.59	3					

续上表

里程	结构面编号	间距(m)	数量(个)	S_0	J_v	夹角 α(°)	倾角 θ(°)	修正系数 K_2
YK63+433	31	0.97	4	7.15	9.84	84.60	14.54	0.25
	32	1.10	4					
	33	1.33	3					
YK63+440	34	0.57	5	9.26	14.76	64.07	24.88	0.27
	35	0.44	4					
	36	0.68	4					
YK63+447	37	0.83	4	8.15	10.37	75.44	33.21	0.24
	38	1.34	5					
	39	3.75	3					
YK63+450	40	1.81	5	6.59	8.52	45.97	39.59	0.31
	41	2.00	4					
	42	1.14	4					
YK63+460	43	1.13	3	7.47	10.40	74.33	29.18	0.25
	44	2.06	4					
	45	0.64	4					
YK63+464	46	0.96	4	7.19	10.33	74.01	61.06	0.20
	47	1.09	4					
	48	0.85	4					
YK63+468	49	1.27	4	7.74	10.17	82.78	64.50	0.18
	50	1.13	4					
	51	1.33	2					
YK63+470	52	3.72	2	6.53	7.77	63.59	11.15	0.29
	53	1.93	5					
	54	2.21	4					
YK63+473	55	0.71	4	7.75	11.23	74.26	21.72	0.26
	56	0.95	3					
	57	0.98	6					
YK63+475	58	1.05	3	8.35	11.25	14.15	43.93	0.53
	59	1.86	4					
	60	0.71	3					
YK63+480	61	0.80	3	7.77	10.69	37.50	62.10	0.28
	62	1.34	3					
	63	1.08	5					

需要说明,在地质勘察资料中,对于岩体完整性系数 K_v,在整个区间内均取 0.55;对于岩石单轴饱和抗压强度 R_c,在 YK63+375~YK63+415、YK63+455~YK63+480 区间内取 21.2MPa,在 YK63+415~YK63+455 区间内取 45.4MPa;对于地下水影响修正系数 K_1,在整个区间内均取 0.2;对于主要结构面影响修正系数 K_2,在整个区间内均取 0.3;对于初始应力修正系数 K_3,在整个区间内均取 0。

图 6-25、图 6-26 分别为各里程岩体完整性系数 K_v、主要结构面产状修正系数 K_2 的折线图。

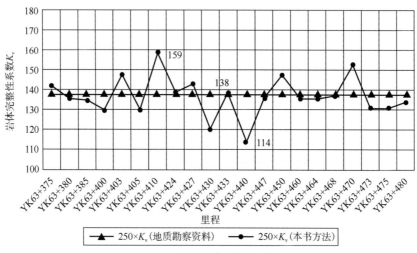

图 6-25　各里程岩体完整性系数 K_v

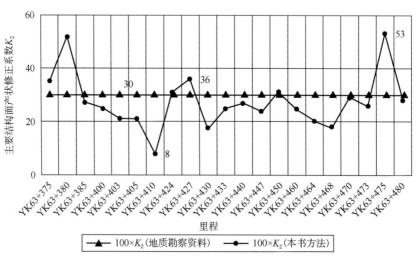

图 6-26　各里程主要结构面产状修正系数 K_2

从图 6-25、图 6-26 可知,相比较于地质勘察资料中的单一结果,本书方法基于当前里程开挖面的真实三维数字图像进行计算,获得了更为精细化的岩体完整性系数 K_v、主要结构面产状修正系数 K_2 计算结果。

图 6-27 为各里程岩体基本质量指标修正值[BQ]折线图。从图中可知,[BQ]值呈现明显的阶梯状分布,中间高(323)两边低(251),主要系岩石单轴饱和抗压强度 R_c 的阶梯状变化所致;另一方面,从图中可知,在现场围岩摄影图像的辅助下,原有地质勘察资料中的岩体基本质量指标修正值[BQ],实现了精细化的计算,说明了该算法的工程应用价值。

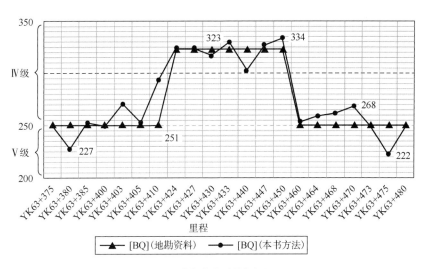

图 6-27　各里程岩体基本质量指标修正值[BQ]

最后,原始地质勘察资料中,岩体基本质量指标修正值[BQ]全部落在 251～323 区间内,并全部被判别为 Ⅳ 级围岩。而根据本书的计算方法可知,在 YK63+375～YK63+400、YK63+470～YK63+480 区间内,均出现了[BQ]值小于 250 的里程段,应当被判别为 Ⅴ 级围岩,存在结论差异。因此应将上述两个区间作为分析区间,进行进一步的支护参数适应性与优化研究。

6.3　隧道超欠挖检测应用

6.3.1　工程概况

新建蒙西至华中地区铁路煤运通道大围山隧道起于湖南省浏阳市张坊镇,止于江西省铜鼓县排埠镇,起讫里程为 DK1660+177～DK1668+349,隧道全长 8172m。隧道最大埋深 266.46m,隧道共设两座斜井,1 号斜井位于隧道右侧,与线路相交于 DK1662+100 处,与正线大里程夹角 135°,斜井长 375m;2 号斜井位于隧道左侧,与正线相交于 DK1666+000 处,与正线大里程夹角 45°,斜井长 310m。1 号斜井和 2 号斜井贯通里程为 DK1664+205 处,1 号斜井正洞施工长度为 2105m,2 号斜井正洞施工长度为 1795m。

隧址区地貌主要为剥蚀低山和山间谷地,最高海拔653m。沟谷大致呈NNE向展布,与线路走向近平行,地形起伏较大,相对高差200~500m,自然坡度多在30°~45°之间,局部陡峭。受瑞昌-铜鼓压扭性断裂带和花门-藤桥复背斜影响,地质构造较复杂,断裂和褶皱较发育,循断裂走向挤压破碎,揉褶扭曲较强烈,构造透镜体、片理化、硅化现象较明显。在隧址区有1条区域性断裂构造及12条次生断裂构造,构造特征以压扭性断裂带和裂隙带为主,复背斜褶皱1条,另有岩性接触带1条。

隧道经过区域局部范围地表径流活跃,水量较丰富,受季节性影响变化明显。地形高差大,冲沟坡度陡,雨季排水通畅,沟谷地段时地表水发育地段;地下水类型主要为松散岩类风化孔隙潜水、基岩裂隙水与构造裂隙水,受大气降水及地表水补给,向低洼处排泄,基岩裂隙水分布于强~弱风化基岩裂隙中。隧址区多为变质岩和侵入岩,弱风化岩岩体较完整,地下水不发育;岩性侵入接触带、节理密集带地下水较发育。构造裂隙水主要发育在断层中,地下水发育。

隧道DK1662+590~DK1662+670、DK1664+030~DK1664+290、DK1664+945~DK1665+410段为高地应力区,开挖过程中可能发生岩爆,洞壁岩体有剥离和掉块现象,新生裂缝多,成洞性差,基坑有剥离现象。局部围岩由于变质程度不一导致岩性差异,岩质较软,存在软质岩变形问题。

洞身里程DK1662+270附近、DK1662+533附近、DK1662+843附近、DK1662+900附近、DK1663+382附近、DK1663+760附近、DK1664+664附近、DK1665+030附近、DK1665+720附近分别存在断层F4、F5~F13,其中F4、F5、F7、F9、F11、F12、F13倾向小里程方向,F5、F6、F8、F10倾向大里程方向,受断层影响,洞身里程DK1662+225~DK1662+325段、DK1662+505~DK1662+590段、DK1662+810~DK1662+905段、DK1663+330~DK1663+420段、DK1663+685~DK1663+795段、DK1664+560~DK1664+670段、DK1664+990~DK1665+075段以及DK1665+660~DK1665+740段岩体破碎,围岩级别较低。

隧道局部地段地层节理发育,局部夹杂千枚岩等软质围岩,地应力水平较高,隧道采用钻爆法开挖,开挖后断面成形控制难度大,超挖难以控制,在某些特殊地质情况下超挖严重。存在爆破后围岩沿层间节理或构造缝自然溜塌的情况,在挖掘机排险时容易塌落,造成超挖。且以变粒岩、角岩为主的地质,围岩节理发育,易局部坍塌,施工过程中安全隐患较大。现场部分施工情况及遇到的典型问题如图6-28所示。

6.3.2 开挖段超欠挖数量统计

(1)进口DK1660+192~DK1661+780段超挖量统计分析

对进口DK1660+192~DK1661+780段开挖断面超挖面积进行统计分析,统计段落长1588m,共计286个超挖面积样本统计量,见表6-9。样本统计分析结果见表6-10。

a) 围岩节理裂隙发育　　　　b) 局部溜滑

c) 围岩破碎　　　　d) 节理间软弱层

e) 围岩稳定性差　　　　f) 节理发育且有地下水

图 6-28　特殊地质条件段大围山隧道现场施工情况

进口 DK1660+192~DK1661+780 段统计量　　　表 6-9

围岩等级	长度(m)	统计量个数
Ⅲ	531	90
Ⅳ	563	101
Ⅴ	494	95

进口 DK1660+192~DK1661+780 段不同围岩超挖数量数据样本统计表　　　表6-10

项目		III级围岩超挖面积(m²)	IV级围岩超挖面积(m²)	V级围岩超挖面积(m²)
超挖数量数据样本	有效	90	101	95
	缺失	0	0	0
均值		5.9984	8.3554	11.5382
均值的标准误差		0.15980	0.06735	0.12092
中值		5.6152	8.6824①	11.1507①
众数		4.77①	8.69	11.13
标准差		1.51597	0.67685	1.17862
方差		2.298	0.458	1.389
全距		7.86	2.57	5.79
极小值		4.17	6.12	8.38
极大值		12.03	8.69	14.17

注:①利用分组数据进行计算。

采用 K-S 检验法对不同围岩级别超挖面积样本进行非参数检验,检验结果见表6-11。

假设检验汇总表　　　表6-11

原假设	测试	决策
III级围岩超挖面积的分布为正态分布,平均值为6.00,标准差为1.52	单样本 Kolmogoro V-Smirno V 检验	保留原假设
IV级围岩超挖面积的分布为正态分布,平均值为8.36,标准差为0.68	单样本 Kolmogoro V-Smirno V 检验	保留原假设
V级围岩超挖面积的分布为正态分布,平均值为11.54,标准差为1.18	单样本 Kolmogoro V-Smirno V 检验	保留原假设

不同围岩级别隧道超挖面积的渐进显著性(2-sided 检验)大于显著性水平0.05。即超挖面积服从正态分布。对不同围岩级别隧道超挖面积总体均值进行区间估计,得到置信度为95%的置信区间,见表6-12。

进口 DK1660+192~DK1661+780 段超挖面积总体均值及置信区间　　　表6-12

统计段落	围岩级别	超挖面积均值(m²)	超挖面积范围(m²)
DK1660+192~DK1661+780	III	5.998	(5.679,6.318)
	IV	8.355	(8.221,8.490)
	V	11.738	(11.298,11.778)

统计分析结果,进口里程 DK1660+197~DK1661+735 段统计总长度为1588m,其中III级围岩统计段落长度为531m,开挖断面平均超挖面积为 $5.998m^2$,超挖面积在 $5.679~6.318m^2$ 之间的可信度为95%;IV级围岩统计段落长度为563m,开挖断面平均超挖面积为 $8.355m^2$,超挖面积在 $8.221~8.490m^2$ 之间的可信度为95%;V级围岩统计段落长度为494m,开挖断面平均超挖面积为 $11.738m^2$,超挖面积在 $11.298~11.778m^2$ 之间的可信度为95%。

进口 DK1660+197~DK1661+780 段特殊地质条件下,不同围岩级别隧道断面平均超挖面积如图6-29所示,具体数值见表6-13。

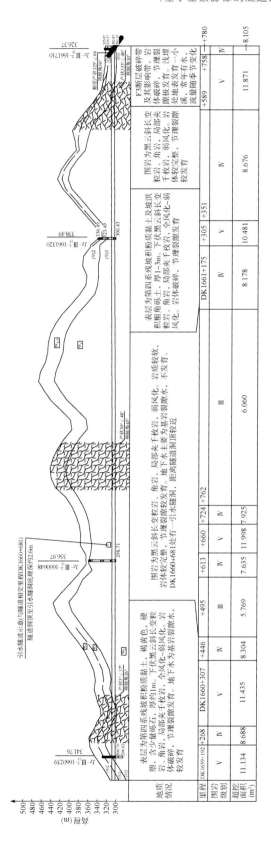

图 6-29 进口 DK1660+192～DK1661+780 段不同围岩级别隧道断面平均超挖面积

进口DK1660+192～DK1661+780段开挖断面平均超挖面积表   表6-13

隧道段别	里程段	长度（m）	围岩级别	平均超挖面积（m²）
进口段 DK1660+192～ DK1661+780	DK1660+192～DK1660+268	76	V	11.134
	DK1660+268～DK1660+307	39	IV	8.688
	DK1660+307～DK1660+446	139	V	11.435
	DK1660+446～DK1660+495	49	IV	8.304
	DK1660+495～DK1660+613	118	III	5.769
	DK1660+613～DK1660+660	47	IV	7.635
	DK1660+660～DK1660+724	64	V	11.998
	DK1660+724～DK1660+762	38	IV	7.925
	DK1660+762～DK1661+175	413	III	6.060
	DK1661+175～DK1661+305	130	IV	8.178
	DK1661+305～DK1661+351	46	V	10.481
	DK1661+351～DK1661+589	238	IV	8.676
	DK1661+589～DK1661+758	169	V	11.871
	DK1661+758～DK1661+780	22	IV	8.105

（2）出口DK1667+240～DK1666+558段超挖量统计分析

对出口DK1667+240～DK1666+558段开挖断面超挖面积进行统计分析，统计段落长682m，共计123个超挖面积样本统计量，见表6-14。样本统计分析结果见表6-15。

出口DK1667+240～DK1666+558段统计量   表6-14

围岩等级	长度（m）	统计量个数
III	32	5
IV	562	94
V	88	24

出口DK1667+240～DK1666+558段不同围岩超挖数量数据样本统计表   表6-15

项目		III级围岩超挖面积（m²）	IV级围岩超挖面积（m²）	V级围岩超挖面积（m²）
超挖数量数据样本	有效	5	94	24
	缺失	0	0	0
均值		6.1134	9.1919	9.8271
均值的标准误差		0.61784	0.09394	0.21272
中值		5.8892	9.5300	9.7800
众数		4.61[①]	9.53	9.78
标准差		1.38153	0.91074	1.04213
方差		1.909	0.829	1.086
全距		3.77	4.52	4.47

续上表

项目	Ⅲ级围岩超挖面积(m²)	Ⅳ级围岩超挖面积(m²)	Ⅴ级围岩超挖面积(m²)
极小值	4.61	5.01	8.66
极大值	8.38	9.53	12.13

注：①存在多个众数，此处显示最小值。

采用 K-S 检验法对不同围岩级别超挖面积样本进行非参数检验，检验结果见表 6-16。

假设检验汇总表　　　　表 6-16

原假设	测试	决策
Ⅲ级围岩超挖面积的分布为正态分布，平均值为 6.11，标准差为 1.38	单样本 Kolmogoroﾕ-Smirnoﾕ检验	保留原假设
Ⅳ级围岩超挖面积的分布为正态分布，平均值为 9.19，标准差为 0.91	单样本 Kolmogoroﾕ-Smirnoﾕ检验	保留原假设
Ⅴ级围岩超挖面积的分布为正态分布，平均值为 9.83，标准差为 1.04	单样本 Kolmogoroﾕ-Smirnoﾕ检验	保留原假设

不同围岩级别隧道超挖面积的渐进显著性(2-sided 检验)大于显著性水平 0.05，即超挖面积服从正态分布。对不同围岩级别隧道超挖面积总体均值进行区间估计，得到置信度为 95% 的置信区间，见表 6-17。

出口 DK1667+240~DK1666+558 段超挖面积总体均值及置信区间　　　　表 6-17

统计段落	围岩级别	超挖面积均值(m²)	超挖面积范围(m²)
DK1667+240~ DK1666+558	Ⅲ	6.113	(4.196,8.031)
	Ⅳ	9.192	(9.004,9.379)
	Ⅴ	9.827	(9.378,10.277)

统计分析结果，出口 DK1667+240~DK1666+558 段统计总长度为 682m，其中Ⅲ级围岩统计段落长度为 32m，开挖断面平均超挖面积为 6.113m²，超挖面积在 4.196~8.031m² 之间的可信度为 95%；Ⅳ级围岩统计段落长度为 562m，开挖断面平均超挖面积为 9.192m²，超挖面积在 9.004~9.379m² 之间的可信度为 95%；Ⅴ级围岩统计段落长度为 88m，开挖断面平均超挖面积为 9.827m²，超挖面积在 9.378~10.277m² 之间的可信度为 95%。

出口 DK1667+240~DK1666+558 段特殊地质条件下，不同围岩级别隧道断面平均超挖面积如图 6-30 所示，具体数值见表 6-18。

出口 DK1667+240~DK1666+558 段开挖断面平均超挖面积　　　　表 6-18

隧道段别	里程段	长度(m)	围岩级别	平均超挖面积(m²)
出口段 DK1666+558~ DK1667+240	DK1666+558~975	417	Ⅳ	9.147
	DK1666+975~7+63	88	Ⅴ	9.827
	DK1667+63~203	140	Ⅳ	9.336
	DK1667+203~216	13	Ⅲ	7.056
	DK1667+216~221	5	Ⅳ	8.990
	DK1667+221~240	19	Ⅲ	5.485

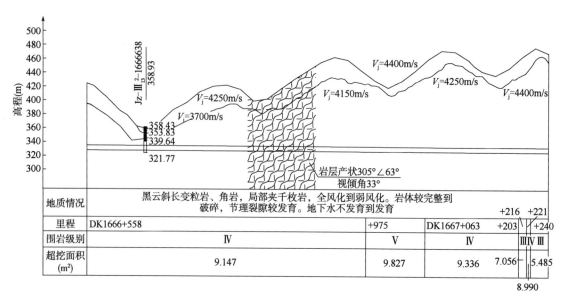

图 6-30 出口 DK1667+240~DK1666+558 段不同围岩级别隧道断面平均超挖面积

(3) 1 号斜井 DK1661+780~DK1663+380 段超挖量统计分析

对 1 号斜井 DK1661+780~DK1663+380 段开挖断面超挖面积进行统计分析，统计段落长 1600m，共计 323 个超挖面积样本统计量，见表 6-19。样本统计分析结果见表 6-20。

1 号斜井 DK1661+780~DK1663+380 段统计量　　　表 6-19

围岩等级	长度(m)	统计量个数
Ⅲ	225	44
Ⅳ	1165	236
Ⅴ	210	43

1 号斜井 DK1661+780~DK1663+380 段不同围岩超挖数量数据样本统计表　　　表 6-20

项目		Ⅲ级围岩超挖面积(m^2)	Ⅳ级围岩超挖面积(m^2)	Ⅴ级围岩超挖面积(m^2)
超挖数量数据样本	有效	44	236	43
	缺失	0	0	0
均值		6.2714	8.6758	9.4060
均值的标准误差		0.10165	0.09684	0.15489
中值		6.2350	9.6552①	8.7400①
众数		5.71①	9.74	8.68
标准差		0.67426	1.48771	1.01567
方差		0.455	2.213	1.032
极小值		4.74	3.61	7.79
极大值		7.84	9.74	11.25

注：①利用分组数据进行计算。

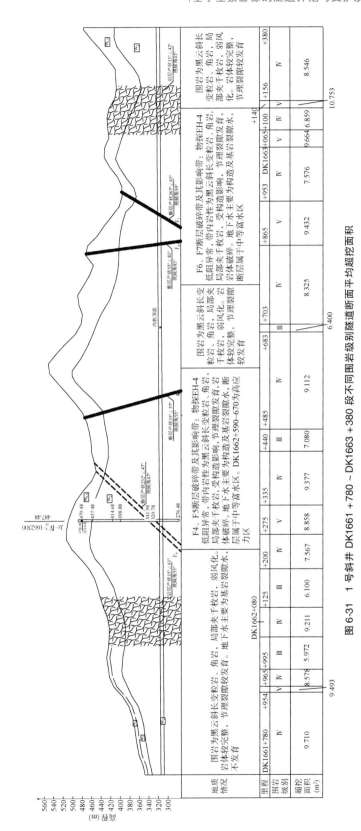

图 6-31 1号斜井 DK1661+780～DK1663+380 段不同围岩级别隧道断面平均超挖面积

采用 K-S 检验法对不同围岩级别超挖面积样本进行非参数检验,检验结果见表 6-21。

假设检验汇总表　　　表 6-21

原假设	测试	决策
Ⅲ级围岩超挖面积的分布为正态分布,平均值为 6.27,标准差为 0.27	单样本 Kolmogorov-Smirnov 检验	保留原假设
Ⅳ级围岩超挖面积的分布为正态分布,平均值为 8.68,标准差为 1.49	单样本 Kolmogorov-Smirnov 检验	保留原假设
Ⅴ级围岩超挖面积的分布为正态分布,平均值为 9.41,标准差为 1.02	单样本 Kolmogorov-Smirnov 检验	保留原假设

不同围岩级别隧道超挖面积的渐进显著性(2-sided 检验)大于显著性水平 0.05,即超挖面积服从正态分布。对不同围岩级别隧道超挖面积总体均值进行区间估计,得到置信度为 95% 的置信区间,见表 6-22。

1 号斜井 DK1661+780 ~ DK1663+380 段超挖面积总体均值及置信区间　　　表 6-22

统计段落	围岩级别	超挖面积平均值(m^2)	超挖面积范围(m^2)
DK1661+780 ~ DK1663+380	Ⅲ	6.271	(6.064,6.479)
	Ⅳ	8.676	(8.485,8.867)
	Ⅴ	9.406	(9.090,9.722)

统计分析结果,1 号斜井 DK1661+780 ~ DK1663+380 段统计总长度为 1600m,其中Ⅲ级围岩统计段落长度为 225m,开挖断面平均超挖面积为 6.271m^2,超挖面积在 6.064 ~ 6.479m^2 之间的可信度为 95%；Ⅳ级围岩统计段落长度为 1165m,开挖断面平均超挖面积为 8.676m^2,超挖面积在 8.485 ~ 8.867m^2 之间的可信度为 95%；Ⅴ级围岩统计段落长度为 210m,开挖断面平均超挖面积为 9.406m^2,超挖面积在 9.090 ~ 9.722m^2 之间的可信度为 95%。

1 号斜井里程 DK1661+780 ~ DK1663+380 段特殊地质条件下,不同围岩级别隧道断面平均超挖面积如图 6-31 所示,具体数值见表 6-23。

大围山 1 号斜井 DK1661+780 ~ DK1663+380 段开挖断面平均超挖面积　　　表 6-23

隧道段别	里程段	长度(m)	围岩级别	平均超挖面积(m^2)
1 号斜井段 DK1661+780 ~ DK1663+380	DK1661+780 ~ DK1661+954	174	Ⅳ	9.710
	DK1661+964 ~ DK1661+965	11	Ⅴ	9.493
	DK1661+965 ~ DK1661+995	30	Ⅳ	8.578
	DK1661+995 ~ DK1662+080	85	Ⅲ	5.972
	DK1662+080 ~ DK1662+125	45	Ⅳ	9.211
	DK1662+125 ~ DK1662+200	75	Ⅲ	6.100
	DK1662+200 ~ DK1662+275	75	Ⅳ	7.567
	DK1662+275 ~ DK1662+335	60	Ⅴ	8.858
	DK1662+335 ~ DK1662+440	105	Ⅳ	9.377

续上表

隧道段别	里程段	长度（m）	围岩级别	平均超挖面积（m²）
1号斜井段 DK1661+780~ DK1663+380	DK1662+440~DK1662+485	45	Ⅲ	7.080
	DK1662+485~DK1662+683	198	Ⅳ	9.112
	DK1662+683~DK1662+703	20	Ⅲ	6.400
	DK1662+703~DK1662+865	162	Ⅳ	8.325
	DK1662+865~DK1662+953	88	Ⅴ	9.432
	DK1662+953~DK1663+065	112	Ⅳ	7.567
	DK1663+065~DK1663+100	35	Ⅴ	9.664
	DK1663+100~DK1663+140	40	Ⅳ	6.859
	DK1663+140~DK1663+156	16	Ⅴ	10.753
	DK1663+156~DK1663+380	224	Ⅳ	8.546

6.3.3 超欠挖检测技术应用

(1) 1号斜井大里程DK1663+444~DK1663+451.5段增加开挖及喷射混凝土数量测算

对DK1663+444~DK1663+447.5段开挖断面采集444张高清隧道影像,将隧道图像处理成隧道三维点云,如图6-32所示。

图6-32 DK1663+444~DK1663+447.5段开挖断面三维点云重建

对DK1663+447.5~DK1663+451.5段裸洞采集438张高清隧道影像,将隧道图像处理成隧道三维点云,如图6-33所示。

图 6-33　DK1663+447.5～DK1663+451.5 段开挖断面三维点云重建

截取 DK1663+444、DK1663+445、DK1663+446、DK1663+447、DK1663+448、DK1663+449、DK1663+450、DK1663+451 截面,并采用数字图像点云技术和全站仪断面扫描方法计算断面超挖面积,测算结果见图 6-34 及表 6-24。

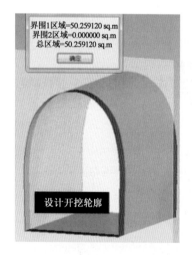

图 6-34　基于图像点云技术超挖面积测算结果

DK1663+445～DK1663+450 段超挖面积现场跟踪实测　　表 6-24

里程	围岩级别	点云技术测算结果（m²）	全站仪断面扫描结果（m²）	相对偏差绝对值
DK1663+444	Ⅳ	8.231	8.390	1.9%
DK1663+445	Ⅳ	8.332	8.635	3.5%

续上表

里程	围岩级别	点云技术测算结果（m²）	全站仪断面扫描结果（m²）	相对偏差绝对值
DK1663+446	Ⅳ	8.019	8.064	0.6%
DK1663+447	Ⅳ	8.227	8.371	1.7%
DK1663+448	Ⅳ	9.475	9.125	3.8%
DK1663+449	Ⅳ	8.504	8.538	0.4%
DK1663+450	Ⅳ	8.488	8.557	0.8%
DK1663+451	Ⅳ	9.130	9.243	-1.2%
平均值		8.551	8.590	0.5%

采用两种方法对 DK1663+445～DK1663+450 段超挖面积测算，结果分别为 8.551m² 和 8.59m²，相对偏差为 0.45%。测算结果在表 4-28 中Ⅳ级围岩超挖面积区间 8.317～8.811m² 范围内，超挖严重且超挖数量与第 4 章统计分析测算结果吻合。

(2) 1 号斜井大里程 DK1663+453.7～DK1663+472.9 段增加开挖及喷射混凝土数量测算

对 DK1663+466～DK1663+469.5 段开挖断面采集 453 张高清隧道影像，将隧道图像处理成隧道三维点云，如图 6-35 所示。

图 6-35　DK1663+466～DK1663+469.5 段开挖断面三维点云重建

对 1 号斜井大里程 DK1663+453.7～DK1663+472.9 段共 19.2m 开挖断面进行现场跟踪测算，测算数据包括图像点云数据、全站仪扫描数据，测算结果见图 6-36 和表 6-25。

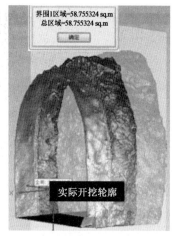

图 6-36　基于图像点云技术超挖面积测算结果

DK1663+453.7~DK1663+472.9 段超挖面积现场跟踪实测结果　　　表 6-25

里程	围岩等级	点云技术测算结果（m²）	全站仪断面扫描结果（m²）	相对偏差绝对值
DK1663+454	Ⅳ	8.818	8.431	4.5%
DK1663+455	Ⅳ	8.979	8.585	4.6%
DK1663+456	Ⅳ	8.521	8.044	5.9%
DK1663+457	Ⅳ	8.009	7.756	3.3%
DK1663+458	Ⅳ	8.594	8.484	1.3%
DK1663+459	Ⅳ	8.528	8.973	5.0%
DK1663+460	Ⅳ	9.739	9.497	2.5%
DK1663+461	Ⅳ	8.561	8.468	1.1%
DK1663+462	Ⅳ	8.998	9.031	0.4%
DK1663+463	Ⅳ	8.774	8.236	6.5%
DK1663+464	Ⅳ	7.888	7.569	4.2%
DK1663+465	Ⅳ	8.395	8.345	0.6%
DK1663+466	Ⅳ	7.849	7.763	1.1%
DK1663+467	Ⅳ	8.516	8.043	5.9%
DK1663+468	Ⅳ	8.649	8.218	5.2%
DK1663+469	Ⅳ	9.352	9.974	6.2%
DK1663+470	Ⅳ	8.627	8.432	2.3%
DK1663+471	Ⅳ	8.199	8.043	1.9%
DK1663+472	Ⅳ	8.052	8.179	1.6%
平均值		8.581	8.425	1.9%

采用两种方法对 DK1663+453.7~DK1663+472.9 段超挖面积测算,结果分别为 8.581m² 和 8.425m²,相对偏差为 1.9%。测算结果在表 4-28 中Ⅳ级围岩超挖面积区间 8.317~8.811m² 范围内,超挖严重且超挖数量与第 4 章统计分析测算结果吻合。两种方法测算结果非常接近,可将全站仪断面扫描数据作为隧道增加开挖及喷射混凝土数量测算的依据。

(3) 其他段落隧道增加开挖及喷射混凝土数量现场实测结果

采用数字图像点云技术和全站仪断面扫描方法对大围山隧道 1 号斜井、2 号斜井和出口开挖断面增加的开挖及喷射混凝土数量进行现场跟踪测算,测算结果显示隧道超挖严重。典型三维点云重建结果如图 6-37~图 6-39 所示,跟踪测算结果汇总见表 6-26。

图 6-37　1 号斜井 DK1663+650~DK1663+656 开挖断面三维点云重建

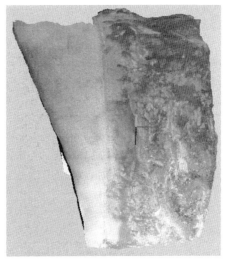

图 6-38　2 号斜井 DK1664+535~DK1664+530 开挖断面三维点云重建

 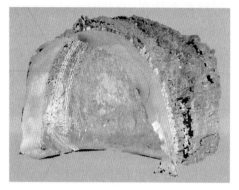

图 6-39 DK1666+698 上台阶开挖断面三维点云重建

大围山隧道增加开挖及喷射混凝土数量现场跟踪测算 表 6-26

里程	围岩级别	点云测算结果(m^2)	全站仪测算结果(m^2)	偏差绝对值
大围山隧道 1 号斜井增加开挖及喷射混凝土数量现场跟踪测算				
DK1663+650	Ⅳc	7.258	7.741	6.2%
DK1663+656	Ⅳc	8.849	9.042	2.1%
DK1663+661	Ⅳc	8.834	8.896	0.7%
DK1663+665	Ⅳc	10.997	11.822	7.0%
DK1663+671	Ⅳc	8.642	8.525	1.4%
DK1663+675	Ⅳc	8.469	8.686	2.5%
DK1663+675	Ⅳc	6.932	6.65	4.2%
平均值		8.569	8.766	2.2%
大围山隧道 2 号斜井增加开挖及喷射混凝土数量现场跟踪测算				
DK1664+535	Ⅳc	7.843	8.340	6.0%
DK1664+530	Ⅳc	7.932	7.755	2.3%
DK1664+525	Ⅳc	7.532	7.829	3.8%
DK1664+520	Ⅳc	6.412	6.88	6.8%
DK1664+515	Ⅳc	7.427	7.328	1.4%
DK1664+510	Ⅳc	7.459	7.91	5.7%
DK1664+505	Ⅳc	7.226	7.174	0.7%
DK1664+500	Ⅳc	6.832	7.014	2.6%
平均值		8.833	9.029	2.2%
大围山隧道出口上台阶增加开挖及喷射混凝土数量现场跟踪测算				
DK1666+699	Ⅴa	6.942	6.98	0.5%
DK1666+695	Ⅴa	6.231	5.97	4.4%
DK1666+690	Ⅴa	7.118	7.84	9.2%
DK1666+685	Ⅴa	7.996	8.868	9.8%
平均值		7.072	7.415	4.6%

综上所述，经采用全站仪断面扫描数据统计分析、初期支护实际喷射混凝土统计分析、增加开挖及喷射混凝土数量现场跟踪实测以及隧道初期支护断面现场取芯验证多种方法对大围山隧道增加开挖及喷射混凝土数量进行测算，各方法结果吻合一致，表明采用全景影像重建技术可作为隧道特殊工程地质段增加开挖及喷射混凝土数量等费用计算的依据。大围山隧道特殊工程地质段增加开挖及喷射混凝土数量测算结果为：Ⅲ级围岩平均超挖值为15.7cm，增加开挖及喷射混凝土数量可按照每延米3.029m^3计算；Ⅳ级围岩平均超挖值为24.6cm，增加开挖及喷射混凝土数量可按照每延米5.064m^3计算；Ⅴ级围岩平均超挖值为32.1cm，增加开挖及喷射混凝土数量可按照每延米6.874m^3计算。

参 考 文 献

[1] BIENIAWSKI Z T. Engineering rock mass classifications:a complete manual for engineers and geologists in mining,civil and petroleum engineering[M]. New York:Wiley,1989.

[2] SZELISKI R. Computer vision:algorithms and applications[M].[s. n.].2010.

[3] JORGE J M. The levenberg-marquardt algorithm:implementation and theory[J]. Lecture Notes in Mathematics,1978,630(1):105-106.

[4] 刘红岩,张力民,苏天明,等.节理岩体损伤本构模型及工程应用[M].北京:冶金工业出版社,2016.

[5] 吴福朝.计算机视觉中的数学方法[M].北京:科学出版社,2008.

[6] 朱德海.点云库 PCL 学习教程[M].北京:北京航空航天大学出版社,2012.

[7] 巩江峰,唐国荣,王伟,等.截至2021年底中国铁路隧道情况统计及高黎贡山隧道设计施工概况[J].隧道建设(中英文),2022,42(03):508-517.

[8] 《中国公路学报》编辑部.中国交通隧道工程学术研究综述·2022[J].中国公路学报,2022,35(04):1-40.

[9] 葛超,郑顺义,桂力,等.激光点云和图像处理技术在隧道超欠挖检测中的应用研究[J].测绘地理信息,2020,45(01):101-106.

[10] 李海波,杨兴国,赵伟,等.基于三维激光扫描的隧洞开挖衬砌质量检测技术及其工程应用[J].岩石力学与工程学报,2017,36(S1):3456-3463.

[11] 荆洪迪,李元辉,张忠辉,等.基于三维激光扫描的岩体结构面信息提取[J].东北大学学报(自然科学版),2015,36(02):280-283.

[12] 王令文,程效军,万程辉.基于三维激光扫描技术的隧道检测技术研究[J].工程勘察,2013,41(07):53-57.

[13] FEKETE S,DIEDERICHS M,LATO M. Geotechnical and operational applications for 3-dimensional laser scanning in drill and blast tunnels[J]. Tunnelling and Underground Space Technology Incorporating Trenchless Technology Research,2010,25(5):614-628.

[14] 仇文革,孔建,杨其新.近景摄影测量法在地下工程中的应用[J].西南交通大学学报,1996(06):52-58.

[15] 王国辉,马莉,杨腾峰,等.监测深基坑支护结构位移的新技术[J].岩石力学与工程学报,2001(02):252-255.

[16] 戴宜全,孙泽阳,吴刚,等.基于数字图像相关法的混凝土全场变形测量[J].东南大学学报(自然科学版),2010,40(04):829-834.

[17] 于起峰,尚洋,伏思华,等.大型结构变形及形貌摄像测量技术研究进展[J].实验力学,2011,26(05):479-490.

[18] 潘兵,谢惠民,夏勇,等.数字图像相关中基于可靠变形初值估计的大变形测量[J].光学学报,2009,29(02):400-406.

[19] REDDY S B,CHATTERJI N B. An FFT-based technique for translation,rotation and scale-invariant image registration[J]. IEEE Transactions on Image Processing:A Publication of the IEEE Signal Processing Society,1996,5(8):1266-1271.

[20] SAWHNEY S H,0001 K R. True Multi-image alignment and Its application to mosaicing and lens distortion correction.[J]. IEEE Transactions Pattern Analysis Machine Intelligence,1999,21(3):235-243.

[21] LIN W Y,LIU L,MATSUSHITA Y,et al. Aligning images in the wild[J]. IEEE Conference on Computer Vision and Pattern Recognition,2012,157(10):1-8.

[22] 李立鸿,施鹏飞,赵群飞.基于多分辨率技术的快速全景图图像匹配算法[J].中国图象图形学报,2006(09):1271-1275.

[23] 祝志恒,阳军生,肖超,等.基于形函数的隧道衬砌内壁影像展平方法及其应用[J].铁道科学与工程学报,2014,11(03):101-106.

[24] ZHU Z,FU J,YANG J,et al. Panoramic image stitching for arbitrarily shaped tunnel lining inspection[J]. Computer-Aided Civil and Infrastructure Engineering,2016,31(12):936-953.

[25] LOWE G D. Distinctive image features from scale-invariant keypoints.[J]. International Journal of Computer Vision,2004,60(2):91-110.

[26] BLACK J M,ANANDAn P. The robust estimation of multiple motions:parametric and piecewise-smooth flow fields[J]. Computer Vision and Image Understanding,1996,63(1):75-104.

[27] CAMERA T M. Image alignment and stitching:a tutorial[J]. Foundations and Trends in Computer Graphics and Vision,2016,2(1):1-104.

[28] 李忠新,茅耀斌,王执铨.一种基于频域相关技术的柱面全景图生成方法[J].计算机工程与应用,2004(11):81-82,145.

[29] BROWN M,LOWE G D. Automatic panoramic image stitching using invariant features[J]. International Journal of Computer Vision,2007,74(1):59-73.

[30] BAY H,ESS A,TUYTELAARS T,et al. Speeded-up robust features(SURF)[J]. Computer Vision and Image Understanding,2007,110(3):346-359.

[31] RUBLEE E,RABAUD V,KONOLIGE K,et al. ORB:an efficient alternative to SIFT or SURF[C]// IEEE International Conference on Computer Vision,ICCV 2011,Barcelona,

Spain,2011.

[32] SMITH M S,BRADY M J. SUSAN-A new approach to low level image processing[J]. International Journal of Computer Vision,1997,23(1):45-78.

[33] ROSTEN E,DRUMMOND T. Fusing points and lines for high performance tracking[C]//The Tenth IEEE International Conference on Computer Vision,2005.

[34] TRIGGS B,MCLAUCHLAN P F,HARTLEY R I,et al. Bundle adjustment-a modern synthesis [C]//International Workshop on Vision Algorithms,2000.

[35] CHEN S E. Quicktime VR-An Image-based Approach to Virtual Environment Navigation[C]// Proceedings of SIGGRAPH 95,Los Angeles,California,1995.

[36] SZELISKI R,SHUM H. Creating full view panoramic image mosaics and environment maps [Z]. Computer Graphics and Interactive Techniques,1997.

[37] AGARWALA A,Dontcheva M,AGRAWALA M,et al. Interactive digital photomontage[J]. ACM Transactions on Graphics (TOG),2004,23(3):294-302.

[38] SUTTON A M,MATTA F,RIZOS D,et al. Recent progress in digital image correlation:background and developments since the 2013 W M Murray lecture[J]. Experimental Mechanics, 2017,57(1):1-30.

[39] 张世卓,王泰典,林铭郎,等.影像展开与嵌接技术在隧道检测之应用[J].地下空间与工程学报,2008(04):670-675.

[40] LEE C H,CHIU Y C,WANG T T,et al. Application and validation of simple image-mosaic technology for interpreting cracks on tunnel lining[J]. Tunnelling and Underground Space Technology,2013,34(FEB.):61-72.

[41] 刘晓瑞,谢雄耀.基于图像处理的隧道表面裂缝快速检测技术研究[J].地下空间与工程学报,2009,5(S2):1624-1628.

[42] 王平让,黄宏伟,薛亚东.基于图像局部网格特征的隧道衬砌裂缝自动识别[J].岩石力学与工程学报,2012,31(05):991-999.

[43] 王耀东,余祖俊,白彪,等.基于图像处理的地铁隧道裂缝识别算法研究[J].仪器仪表学报,2014,35(07):1489-1496.

[44] 王华夏.基于图像特征提取的隧道衬砌裂缝检测研究[J].铁道勘测与设计,2015(3):6.

[45] 王静,李鸿琦,邢冬梅,等.数字图像相关方法在桥梁裂缝变形监测中的应用[J].力学季刊,2003(04):512-516.

[46] ABDEL Q I,ABUDAYYEH O,KELLY M. Analysis of edge detection techniques for crack identification in bridges[J]. Journal of Computing in Civil Engineering,2003,17(3):255-263.

[47] 许薛军,张肖宁.基于数字图像的混凝土桥梁裂缝检测技术[J].湖南大学学报(自然科学版),2013,40(07):34-40.

[48] FUJITA Y,HAMAMOTO Y. A robust automatic crack detection method from noisy concrete surfaces[J]. Machine Vision and Applications,2011,22(2):245-254.

[49] 方志,彭海涛.基于图像分析技术的混凝土桥梁结构表面裂缝宽度检测[J].湖南大学学报(自然科学版),2012,39(01):7-12.

[50] 聂红林,胡伍生.基于数字图像处理技术的城墙裂缝变形监测研究[J].测绘工程,2012,21(04):61-64,69.

[51] 刘学增,桑运龙,罗仁立.基于亚像素圆心检测法的变形监测技术[J].岩石力学与工程学报,2011,30(11):2303-2311.

[52] HUANG Y,XU B. Automatic inspection of pavement cracking distress[J]. Journal of Electronic Imaging,2006,15(1),013017.

[53] 张娟,沙爱民,高怀钢,等.基于数字图像处理的路面裂缝自动识别与评价系统[J].长安大学学报(自然科学版),2004(02):18-22.

[54] 宋宏勋,马建,王建锋,等.基于双相机立体摄影测量的路面裂缝识别方法[J].中国公路学报,2015,28(10):18-25,40.

[55] 李清泉,邹勤,毛庆洲.基于最小代价路径搜索的路面裂缝检测[J].中国公路学报,2010,23(06):28-33.

[56] YAMAGUCHI I. Speckle displacement and decorrelation in the diffraction and image fields for small object deformation[J]. Optica Acta:International Journal of Optics,2010,28(10):1359-1376.

[57] MA S,WJ W,WH P,et al. Determination of displacements using an improved digital correlation method[J]. Image and Vision Computing,1983,1(3):133-139.

[58] PETERS H W,RANSON F W,SUTTON A M,et al. Application of digital correlation methods to rigid body mechanics[J]. Optical Engineering,1983,22(6):738-742.

[59] SUTTON M A. Computer vision-based,noncontacting deformation measurements in mechanics:a generational transformation[J]. Applied Mechanics Reviews,2013,65(5):050000.

[60] HILD F,ROUX S. Comparison of local and global approaches to digital image correlation[J]. Experimental Mechanics,2012,52(9):1503-1519.

[61] BAY K B,SMITH S T,FYHRIE P D,et al. Digital volume correlation:three-dimensional strain mapping using X-ray tomography[J]. Experimental Mechanics,1999,39(3):217-226.

[62] SUTTON A M,HILD F. Recent advances and perspectives in digital image correlation[J]. Experimental Mechanics,2015,55(1):1-8.

[63] SCHREIER W H, SUTTON A M. Systematic errors in digital image correlation due to undermatched subset shape functions[J]. Experimental Mechanics, 2002, 42(3): 303-310.

[64] 潘兵, 谢惠民. 数字图像相关中基于位移场局部最小二乘拟合的全场应变测量[J]. 光学学报, 2007(11): 1980-1986.

[65] BING P. Reliability-guided digital image correlation for image deformation measurement[J]. Applied optics, 2009, 48(8): 1535-1542.

[66] GHORBANI R, MATTA F, SUTTON M. Full-field deformation measurement and crack mapping on confined masonry walls using digital image correlation[J]. Experimental Mechanics, 2015, 55(1): 227-243.

[67] 李晓军, 田吟雪, 唐立, 等. 山岭隧道结构BIM多尺度建模与自适应拼接方法及工程应用[J]. 中国公路学报, 2019, 32(02): 126-134.

[68] 李术才, 刘洪亮, 李利平, 等. 隧道危石识别及防控研究现状与发展趋势[J]. 中国公路学报, 2018, 31(10): 1-18.

[69] SLOB S, VAN K B, HACK R, et al. Method for automated discontinuity analysis of rock slopes with three-dimensional laser scanning[J]. Transportation Research Record Journal of the Transportation Research Board, 2005, 1913(1913): 187-194.

[70] CACCIARI P, FUTAI M. Mapping and characterization of rock discontinuities in a tunnel using 3D terrestrial laser scanning[J]. Bulletin of Engineering Geology & the Environment, 2016, 75(1): 223-237.

[71] TARSHA-KURDI F, LANDES T, GRUSSENMEYER P. Hough-transform and extendel ransac algorithm for automatic detection of 3D building roof planes from lidar data[C] // IAPRS Workshop on Laster Scanning 2007 and Silvilaser 2007, 2007.

[72] RIQUELME J A, ABELLÁN A, TOMÁS R, et al. A new approach for semi-automatic rock mass joints recognition from 3D point clouds[J]. Computers and Geosciences, 2014, 68: 38-52.

[73] KULATILAKE W S H P, BALASINGAM P, PARK J, et al. Natural rock joint roughness quantification through fractal techniques[J]. Geotechnical and Geological Engineering, 2006, 24(5): 1181-1202.

[74] 刘昌军, 刘会玲, 张顺福. 基于激光点云直接比较算法的边坡变形监测技术研究[J]. 岩石力学与工程学报, 2015, 34(S1): 3281-3288.

[75] 葛云峰, 夏丁, 唐辉明, 等. 基于三维激光扫描技术的岩体结构面智能识别与信息提取[J]. 岩石力学与工程学报, 2017, 36(12): 3050-3061.

[76] 刘庆群, 李浩, 杨彪, 等. 面向岩体结构面提取的3D Hough变换点云分割方法[J]. 工程

勘察,2017,45(04):64-67.

[77] BAUER A,GUTJAHR K,PAAR G,et al. Tunnel surface 3D reconstruction from unoriented image sequences[J]. CoRR,2015(1505):06237.

[78] 张宇,阳军生,祝志恒,等.基于图像点云空间测距算法的隧道初期支护整体变形监测技术研究与应用[J].隧道建设(中英文),2020,40(05):686-694.

[79] 魏继红,吴继敏,孙少锐.图像处理技术在隧洞超欠挖评价中的应用[J].水文地质工程地质,2005(01):105-108.

[80] 詹伟,章杨松.基于图像处理的岩体结构面迹线半自动检测[J].岩土工程技术,2020,34(01):7-12,42.

[81] 罗佳,刘大刚.围岩结构面发育程度参数的图像处理技术研究[J].计算机工程与科学,2013,35(04):75-80.

[82] PABLO M,LUIS B,LUIS A. A morphological approach to curvature-based evolution of curves and surfaces.[J]. IEEE Transactions on Pattern Analysis and Machine Intelligence,2014,36(1):2-17.

[83] RADHAKRISHNA A,APPU S,KEVIN S,et al. SLIC superpixels compared to state-of-the-art superpixel methods.[J]. IEEE Transactions on Pattern Analysis and Machine Intelligence,2012,34(11):2274-2282.

[84] 陈宝林,王宇,王浩宇,等.基于SLIC超像素分割与合并的隧道围岩节理裂隙识别[J].公路交通科技,2022,39(07):139-146,156.

[85] VASUKI Y,HOLDEN E,KOVESI P,et al. An interactive image segmentation method for lithological boundary detection:A rapid mapping tool for geologists[J]. Computers and Geosciences,2017,100:27-40.

[86] LIU L,XIAO J,WANG Y. Major orientation estimation-based rock surface extraction for 3D rock-mass point clouds[J]. Remote Sensing,2019,11(6):635.

[87] 郭甲腾,张紫瑞,毛亚纯,等.基于三维点云的岩体结构面自动分类与参数计算[J].东北大学学报(自然科学版),2020,41(08):1161-1166.

[88] 周春霖,朱合华,李晓军.随机抽样一致性平面拟合及其应用研究[J].计算机工程与应用,2011,47(07):177-179,182.

[89] 张延欢,李利平,刘洪亮,等.隧道围岩结构面数字识别及完整性评价方法[J].隧道建设,2016,36(12):1471-1477.

[90] 李术才,刘洪亮,李利平,等.基于数码图像的掌子面岩体结构量化表征方法及工程应用[J].岩石力学与工程学报,2017,36(01):1-9.

[91] 王述红,张航,张艳桥,等.随机结构面切割岩质边坡空间块体模型及关键块体分析[J].

东北大学学报(自然科学版),2011,32(03):431-434.

[92] 王洋,王述红,郭牡丹,等.隧道掌子面节理信息快速数字识别及稳定性分析[J].岩土工程学报,2011,33(11):1734-1739.

[93] 王明常,徐则双,王凤艳,等.基于摄影测量获取岩体结构面参数的概率分布拟合检验[J].吉林大学学报(地球科学版),2018,48(06):1898-1906.

[94] CHOI J,RYU H,CHO G. Electrical resistivity-based rock mass classification for tunnelling[J]. Tunnelling and Underground Space Technology Incorporating Trenchless Technology Research,2005,21(3):234.

[95] 何新成.基于LIBSVM算法在隧道围岩分级上的应用[J].公路,2019,64(04):334-338.

[96] 殷明伦,张晋勋,江玉生,等.岩体体积节理数表征岩体完整系数的结构面类别修正研究[J].岩土力学,2021,42(04):1133-1140.

[97] 方昱,刘保国,刘开云.隧道围岩分级的遗传-支持向量分类耦合模型[J].铁道学报,2013,35(01):108-114.

[98] 牛文林,张广洋,熊国斌,等.基于ASP.NET技术的围岩分级系统开发[J].现代隧道技术,2011,48(01):12-16.

[99] 刘志祥,冯凡,王剑波,等.模糊综合评判法在矿山岩体质量分级中的应用[J].武汉理工大学学报,2014,36(01):129-134.

[100] 郭彬,薛希龙,徐敏.改进层次聚类法在矿山岩体分级中的应用[J].金属矿山,2011(11):14-19.

[101] 周述达,裴启涛,丁秀丽.改进分类区分度及权重的岩体质量评价灰评估模型及应用[J].岩石力学与工程学报,2016,35(S2):3671-3679.

[102] KRIZHEVSKY A,SUTSKEVER I,HINTON E G. ImageNet classification with deep convolutional neural networks[J]. Communications of the ACM,2017,60(6):84-90.

[103] EVAN S,JONATHAN L,TREVOR D. Fully convolutional networks for semantic segmentation[J]. IEEE Transactions on Pattern Analysis and Machine Intelligence,2017,39(4):640-651.

[104] ZEILER M D,TAYLOR G W,FERGUS R. Adaptive deconvolutional networks for mid and high level feature learning[J]. International Conference on Computer Vision,2011:2018-2025.

[105] 张野,李明超,韩帅.基于岩石图像深度学习的岩性自动识别与分类方法[J].岩石学报,2018,34(02):333-342.

[106] 柳小波,王怀远,王连成.岩石种类智能识别研究的Faster R-CNN方法[J].现代矿业,2019,35(05):60-64.

[107] 陈建琴,李晓军,朱合华.基于点云的岩体间距与粗糙度的自动化提取[J].地下空间与工程学报,2017,13(01):133-140.

[108] 祝志恒,傅金阳,阳军生.隧道开挖与支护质量3DZI检测技术及应用研究[J].中国公路学报,2020,33(12):176-189.

[109] KWAK E,DETCHEV I,HABIB A,et al. Precise photogrammetric reconstruction using model-based image fitting for 3D beam deformation monitoring[J]. Journal of Surveying Engineering,2013,139(3):143-155.

[110] HARTLEY R,ZISSERMAN A . Multiple view geometry in computer vision:camera models[J]. Cambridge University Press,2004,30(9-10):1865-1872.

[111] HEIKO H. Stereo processing by semiglobal matching and mutual information[J]. IEEE Transactions on Pattern Analysis and Machine Intelligence,2008,30(2):328-341.

[112] 魏占玉,ARROWSMITH RAMON,何宏林,等.基于SfM方法的高密度点云数据生成及精度分析[J].地震地质,2015,37(02):636-648.

[113] LOWE G D. Distinctive image features from scale-invariant keypoints[J]. International Journal of Computer Vision,2004,60(2):91-110.

[114] SULTANI N Z,GHANI F R. Kinect 3D point cloud live video streaming[J]. Procedia Computer Science,2015,65:125-132.

[115] YASUTAKA F,JEAN P. Accurate,dense,and robust multiview stereopsis[J]. IEEE Transactions on Pattern Analysis and Machine Intelligence,2010,32(8):1362-1376.

[116] BEIS J S,LOWE D G . Shape indexing using approximate nearest-neighbour search in high-dimensional spaces[C]//Conference on Computer Vision & Pattern Recognition. IEEE Computer Society,1997.

[117] 陈爱华,高诚辉,何炳蔚.计算机视觉中的摄像机标定方法[J].中国工程机械学报,2006(04):498-504.

[118] C. H H L. A computer algorithm for reconstructing a scene from two projections[J]. Nature,1981,293(5828).

[119] SNAVELY N,SEITZ M S,Szeliski R. Modeling the world from internet photo Collections[J]. International Journal of Computer Vision,2008,80(2):189-210.

[120] 郭复胜,高伟.基于辅助信息的无人机图像批处理三维重建方法[J].自动化学报,2013,39(06):834-845.

[121] RESCH B,LENSCH H P A,WANG O. Scalable structure from motion for densely sampled videos[C]//IEEE Conference on Computer Vision & Pattern Recognition,2015.

[122] FISCHLER A M,BOLLES C R. Random sample consensus:a paradigm for model fitting with

applications to image analysis and automated cartography[J]. Communication of the ACM, 1981,24(2):381-395.

[123] WU C, AGARWAL S, CURLESS B, et al. Multicore bundle adjustment[C]//IEEE Computer Vision & Pattern Recognition, 2011.

[124] SCHONBERGER J L, FRAHM J M. Structure-from-motion revisited[C]//IEEE Conference on Computer Vision & Pattern Recognition, 2016:4104-4113.

[125] BIRCHFIELD S, TOMASI C. A pixel dissimilarity measure that is insensitive to image sampling[J]. IEEE Transactions on Pattern Analysis & Machine Intelligence, 1998, 20(4):401-406.

[126] HUANG Y, PENG J L, KUO C C J, et al. A generic scheme for progressive point cloud coding[J]. Ieee T Vis Comput Gr, 2008, 14(2):440-453.

[127] 彭斌,祝志恒,阳军生,等.基于全景展开图像的隧道衬砌渗漏水数字化识别方法研究[J].现代隧道技术,2019,56(03):31-37,44.

[128] 谢壮,陈宝林,傅金阳,等.基于机器视觉三维重建技术的隧道掌子面岩体结构数字识别方法及应用[J].铁道科学与工程学报,2019,16(04):1001-1007.

[129] 郭洪雨,陈宝林,王宇,等.基于ResUNet网络的隧道围岩图像炮孔留痕检测方法[J].水利与建筑工程学报,2020,18(06):158-164.

[130] 王培涛,覃拓,黄止均,等.基于三维点云的岩体结构面信息快速化识别方法研究[J].岩石力学与工程学报,2021,40(03):503-519.

[131] 苗长龙,李世东,陈宝林,等.面向围岩结构面提取的快速采集设备与分域聚类方法[J].计算机应用,2021,41(S1):336-340.

[132] 张宇,阳军生,祝志恒,等.基于图像点云的多维度隧道初期支护大变形监测研究和应用[J].隧道建设(中英文),2021,41(05):795-802.

[133] GIRARDEAU-MONTAUT D, ROUX M, MARC R, et al. Change detection on point cloud data acquired with a ground laser scanner[J]. 2005,36(3):W19.

[134] ASPERT N, SANTA-CRUZ D, EBRAHIMI T. Mesh:measuring errors between surfaces using the Hausdorff distance[J]. Ieee International Conference on Multimedia and Expo, Vol I and Ii, Proceedings, 2002:705-708.

[135] 阳军生,张宇,祝志恒,等.基于图像三维重建的隧道超欠挖检测方法研究[J].中南大学学报(自然科学版),2020,51(03):714-723.

[136] HIRSCHMULLER H. Stereo vision in structured environments by consistent semi-global matching[C]//Proceedings of the 2006 IEEE Computer Society Conference on Computer Vision and Pattern Recognition (CVPR'06), 2006.

[137] USLU B,GOLPARVAR-FARD M,GARZA J. Image-based 3D reconstruction and recognition for enhanced highway condition assessment[C]//Proceedings of the International Workshop on Computing in Civil Engineering 2011,2015.

[138] CHAIYASARN K. Damage detection and monitoring for tunnel inspection based on computer vision[D]. Cambridge:University of Cambridge,2014.

[139] 朱云福. 基于三维激光扫描数据的岩体结构面识别方法研究及系统研制[D]. 北京:中国地质大学(北京),2012.

[140] 彭铸. 广州地铁盾构隧道纵向弯曲变形评价方法研究[D]. 广东:广东工业大学,2016.

[141] 李勇. 基于图像处理的隧道掌子面地质信息研究[D]. 成都:西南交通大学,2009.

[142] 王宇. 基于计算机视觉的隧道围岩智能分级及支护参数优化方法[D]. 长沙:中南大学,2022.

[143] 黄定. 隧道围岩质量智能判识与支护参数适应性评价研究[D]. 长沙:中南大学,2021.

[144] 薛斌杰. 逆向工程中的数据处理研究[D]. 长沙:国防科学技术大学,2004.

[145] 李丽. 三维空间Delaunay三角剖分算法的研究及应用[D]. 大连:大连海事大学,2010.

[146] 张宇. 基于图像三维重建的隧道施工围岩变形监测技术研究与应用[D]. 长沙:中南大学,2019.

[147] 张杰. 由散乱点生成三角网络曲面的算法研究与实现[D]. 北京:北京工业大学,2003.

[148] 祝志恒,傅金阳,赵炼恒,等. 基于多视点图像的结构物表观全景图矫正拼接方法:109993696B[P].2022-11-25.

[149] 祝志恒,阳军生,张宇,等. 一种基于图像三维重建及网格曲面的隧道超欠挖检测方法:109598714A[P].2019-04-09.

[150] 傅金阳,王宇,王浩宇,等. 一种岩体完整性系数的计算方法、装置及存储介质:113920141B[P].2022-02-11.

[151] 傅金阳,王浩宇,王宇,等. 基于虚拟钻孔的围岩RQD值测算方法、电子设备和介质:113592873A[P].2021-11-02.

[152] 傅金阳,梁向荣,王浩宇,等. 一种基于4D数字图像的隧道大变形检测方法及装置:115526861A[P].2022-12-27.